THE CRESCENT MOON

Celebrating
30 Years of Publishing
in India

THE CRESCENT MOON نندیا چور

Rabindranath Tagore

Translated by

GULZAR

HARPER PERENNIAL

NEW YORK • LONDON • TORONTO • SYDNEY • NEW DELHI

HARPER PERENNIAL

First published in India in 2016 by Harper Perennial
An imprint of HarperCollins *Publishers*

P-ISBN: 978-93-5177-306-1
E-ISBN: 978-93-5177-321-4

2 4 6 8 10 9 7 5 3

Gulzar asserts the moral right
to be identified as the translator of this work.

All the Bengali poems, their English translations and artwork used in the book are by Rabindranath Tagore

HarperCollins *Publishers*
4th Floor, Tower A, Building No 10, DLF Cyber City,
DLF Phase II, Gurugram, Haryana – 122002
1 London Bridge Street, London, SE1 9GF, United Kingdom
195 Broadway, New York, NY 10007, USA

Typeset in Shonar Bangla 13/17, Shiva 14/17.5 and Arno Pro 12/15, by
Saanvi Graphics Noida

Printed and bound at
Thomson Press (India) Ltd.

Urdu Edition
to
Saba Mahmood Bashir

CONTENTS

FOREWORD

Sanjiv Goenka

Many admiring readers knowing a number of languages spontaneously agree that Rabindranath Tagore is the greatest poet ever born. We in the Goenka family came to Calcutta two decades before the landmark Pochishe Baisakh (Tagore's birth anniversary) and we continue to be associated with the city. My father, the late Dr Rama Prasad Goenka, grew up at Muktaram Babu Street, an area very close to the Jorasanko Tagore family house. When Tagore breathed his last in 1941, my father was already eleven. Those days there was no caste system regarding those who could appreciate great poetry and it was widely accepted that a successful businessman's grandchild could also aspire to be a poet. The world already knew that Prince Dwarkanath Tagore was one of India's greatest businessmen. The lifelong admiration for his great business and literary neighbours made my father an ardent lover of books in English, Bengali and Hindi.

Even before winning the Nobel Prize in literature in 1913, the Bard of Bengal approached the renowned Sister Nivedita to present his work to people overseas who could read English. That early effort having failed, Tagore made full use of a diary presented to him on the eve of his journey to London by ship, translating some of his greatest writings into English.

But even ardent admirers of the poet do not accept him as a great translator. The world deserves a better translation of his works in English and indeed in other languages. The general consensus is that Tagore is yet to be translated well even though he holds the unique distinction of being the only poet in the world to have written two national anthems for two nations which account for a quarter of the world's population.

It is in the fitness of things that some outstanding creative talents are now finding time to translate Tagore for a new generation. This translation in Hindi is one such. Born well before Baishe Shravan (Tagore's death anniversary), my father would have been elated to see such a brilliant translation. It is a fitting tribute to Tagore. It is an honour for me to be associated with this venture also because my father was equally proud of his beloved music company Saregama India, once known as HMV, which has played a historic role in making Rabindra Sangeet available to people across the world for over a century.

This translation by Gulzar is a tremendous achievement. My heartiest congratulations for this effort. I am sure it will help readers understand and appreciate Tagore's message to the people of the world.

INTRODUCTION

The Crescent Moon is based mostly on *Shishu,* a book of poems on the world of the child, though not all of them can really be called poems for children. It has verses from some other Bengali collections as well. And, as usual, Tagore did not do exact translations of many of his poems, to the extent that some of the English versions deviate quite substantially from the original.

As with *The Gardener,* Gulzar Saab gave me the great opportunity to read his translations of *The Crescent Moon* and comment. And as with *The Gardener,* I took immense liberty to tell him whatever I thought of them. In his characteristic magnanimity, he listened to my views and, in fact, accepted a lot of them. I hope I have the humility not to feel proud of this. I can only express my sense of wonder and admiration at the natural openness of a great mind like his.

Working on the poems of *The Crescent Moon* had a very special kind of meaning for me. I don't know how to describe it, I can only say that it was all very *personal.* For instance, as I read the poems of *Shishu,* not only did I go back to my childhood, reliving the moments of my father reading aloud the poems to me and my sister, I also had a different take on them. While earlier I had just enjoyed the poems, this time a strange sadness came over me as I thought of the little boy and his loneliness, his constant fear of loss, his perennial anxiety of getting separated from his mother. In the lines '*Aami jodi chaanpa gaachhe chaanpa hoye phuti...* ('If I bloom as a flower on the *chaanpa* tree'), he sought to test his mother whether she would be able to recognize him even if he took a different form. Perhaps Rabindranath was expressing the melancholy of his lonely childhood, bound by strict norms of etiquette. Indeed, every poem of *Shishu* now seemed to me to be laden with the angst of the child whose childhood was stolen from him. This reading was something new to me.

Thank you, Gulzar Saab, for bringing me back some moments of my childhood and, indeed, enriching them with new meanings.

Sanchari Mookherjee

কাগজের নৌকা

ছুটি হলে রোজ ভাসাই জলে
 কাগজ-নৌকাখানি।
লিখে রাখি তাতে আপনার নাম
লিখি আমাদের বাড়ি কোন্ গ্রাম
বড়ো বড়ো ক'রে মোটা অক্ষরে,
 যতনে লাইন টানি।
যদি সে নৌকা আর-কোনো দেশে
আর-কারো হাতে পড়ে গিয়ে শেষে
আমার লিখন পড়িয়া তখন
 বুঝিবে সে অনুমানি
কার কাছ হতে ভেসে এল স্রোতে
 কাগজ-নৌকাখানি।
আমার নৌকা সাজাই যতনে
 শিউলি বকুলে ভরি।
বাড়ির বাগানে গাছের তলায়
ছেয়ে থাকে ফুল সকালবেলায়,
শিশিরের জল করে ঝলমল
 প্রভাতের আলো পড়ি।
সেই কুসুমের অতি ছোটো বোঝা
কোন্ দিক-পানে চলে যায় সোজা,
বেলাশেষে যদি পার হয়ে নদী
 ঠেকে কোনোখানে যেয়ে –
প্রভাতের ফুল সাঁঝে পাবে কূল
 কাগজের তরী বেয়ে।
আমার নৌকা ভাসাইয়া জলে
চেয়ে থাকি বসি তীরে।
ছোটো ছোটো ঢেউ ওঠে আর পড়ে,
রবির কিরণে ঝিকিমিকি করে,
আকাশেতে পাখি চলে যায় ডাকি,

বায়ু বহে ধীরে ধীরে।
গগনের তলে মেঘ ভাসে কত
আমারি সে ছোটো নৌকার মতো –
কে ভাসালে তায়, কোথা ভেসে যায়,
কোন্ দেশে গিয়ে লাগে।
ওই মেঘ আর তরণী আমার
কে যাবে কাহার আগে।
বেলা হলে শেষে বাড়ি থেকে এসে
নিয়ে যায় মোরে টানি;
আমি ঘরে ফিরি, থাকি কোণে মিশি,
যেথা কাটে দিন সেথা কাটে নিশি –
কোথা কোন্ গাঁয় ভেসে চলে যায়
আমার নৌকাখানি।
কোন্ পথে যাবে কিছু নাই জানা,
কেহ তারে কভু নাহি করে মানা,
ধরে নাহি রাখে, ফিরে নাহি ডাকে –
ধায় নব নব দেশে।
কাগজের তরী, তারি 'পরে চড়ি
মন যায় ভেসে ভেসে।
রাত হয়ে আসে, শুই বিছানায়,
মুখ ঢাকি দুই হাতে –
চোখ বুজে ভাবি – এমন আঁধার,
কালি দিয়ে ঢালা নদীর দু ধার
তারি মাঝখানে কোথায় কে জানে
নৌকা চলেছে রাতে।
আকাশের তারা মিটি-মিটি করে,
শিয়াল ডাকিছে প্রহরে প্রহরে,
তরীখানি বুঝি ঘর খুঁজি খুঁজি
তীরে তীরে ফিরে ভাসি।
ঘুম লয়ে সাথে চড়েছে তাহাতে
ঘুমপাড়ানিয়া মাসি।

کاغذ کی کشتی

چھٹیوں میں ہر روز بہاتا ہوں پانی میں __ اک کاغذ کی کشتی!
موٹے موٹے حرفوں میں
اپنا نام بھی لکھتا ہوں __
اور کس گاؤں میں گھر ہے!
اُمید ہے کوئی نہ کوئی
کہیں کسی انجان جگہ پر دیکھے گا، تو جانے گا
کون ہوں مَیں
کس نے بھیجی ہے __ اک کاغذ کی کشتی! 3

اپنے باغ کے ''شیولی'' پھولوں سے بھر دیتا ہوں میں کشتی
اوس میں جھلمل کرتے ہیں، صبح کی روشنی میں
پھولوں کا وہ بوجھ لئے،
جانے کس جانب بہتی ہے
بہتے بہتے پار ندی کے
بھور کے پھول یہ شام کنارے پہنچا دے گیا __ اک کاغذ کی کشتی!

کشتی کو بہا کر پانی میں، __ ساحل پہ بیٹھا دیکھتا رہتا ہوں
چھوٹی چھوٹی لہریں اُٹھتی گرتی ہیں __ کرنوں میں جھلمل کرتی ہیں

آکاش میں بادل بہتے ہیں __ میری اس کشتی کے جیسے!
آکاش میں پنچھی گُن گُن اُڑتے ہیں

اور ہوا دھیرے دھیرے بہتی رہتی ہے
کون بہاتا ہے اُن کو___ کس دیش میں جائیں گے
وہ بادل اور میری کشتی___ کون آگے نکلے گا!

دیر ہو جاتی ہے تو کوئی___ کھینچ کے گھر لے جاتا ہے
گھر آ کر مَیں، اک کونے میں
کھویا رہتا ہوں... دن کٹتا ہے جیسے،
رات بھی یہ کٹ جاتی ہے
جانے کس گاؤں میں بہتی ہوگی، میری
اک کاغذ کی کشتی!

4

اُس کو کوئی روک نہیں ہے___ کوئی نہیں بُلاتا واپس
دیش دیش بہتی ہے___ کاغذ کی اُس کشتی میں
من بہتا رہتا ہے

رات بچھونے پر جب میں،
دو ہاتھوں میں چہرہ ڈھانپ کے سوتا ہوں
آنکھیں میچ کے اندھیرے میں، سوچتا ہوں

سیاہی گھولی اِک کالی ندی کے منجدھارے میں
رات میں جانے کہاں چلی ہے
ایک کنارے سے ہوکر، ڈھونڈتی ہے
ایک اور کنارا___ اک کاغذ کی کشتی!!

PAPER BOATS

Day by day I float my paper boats one by one down the running stream.

In big black letters I write my name on them and the name of the village where I live.

I hope that someone in some strange land will find them and know who I am.

I load my little boats with shiuli flowers from our garden, and hope that these blooms of the dawn will be carried safely to land in the night.

I launch my paper boats and look up into the sky and see the little clouds setting their white bulging sails.

I know not what playmate of mine in the sky sends them down the air to race with my boats!

When night comes I bury my face in my arms and dream that my paper boats float on and on under the midnight stars.

The fairies of sleep are sailing in them, and the lading is their baskets full of dreams.

অপযশ

বাছা রে, তোর চক্ষে কেন জল?
কে তোরে যে কী বলেছে
আমায় খুলে বল।
লিখতে গিয়ে হাতে মুখে
মেখেছ সব কালি, নোংরা ব'লে তাই দিয়েছে গালি?
ছি ছি, উচিত এ কি!
পূর্ণশশী মাখে মসী –
নোংরা বলুক দেখি।
বাছা রে, তোর সবাই ধরে দোষ।
আমি দেখি সকল-তাতে
এদের অসন্তোষ।
খেলতে গিয়ে কাপড়খানা
ছিঁড়ে খুঁড়ে এলে
তাই কি বলে লক্ষ্মীছাড়া ছেলে?
ছি ছি, কেমন ধারা!
ছেঁড়া মেঘে প্রভাত হাসে,
সে কি লক্ষ্মীছাড়া?
কান দিয়ো না তোমায় কে কী বলে।
তোমার নামে অপবাদ যে
ক্রমেই বেড়ে চলে।
মিষ্টি তুমি ভালোবাস
তাই কি ঘরে পরে
লোভী বলে তোমার নিন্দে করে!
ছি ছি, হবে কী!
তোমায় যারা ভালোবাসে
তারা তবে কী?

نکتہ چینی

تری آنکھوں میں کیوں آنسو چھلک آئے ہیں بابا
کسی نے کیا کہا تجھ سے
مجھے کھُل کے بتا تو

اگر لکھتے ہوئے ___
تیرے ہاتھوں پہ اور چہرے پہ سیاہی لگ گئی ہے تو،
تجھے گندہ کہیں گے کیا؟
ارے چھی چھی، یہ کہنا کیا مناسب ہے؟
ذرا داغی کہیں تو پورنیما کے چاند کو، دیکھیں!! 7

سبھی ہر بات پہ تیری، وہ نکتہ چینی کرتے ہیں
ترے کپڑے اگر چہ کھیلنے میں پھٹ گئے تھے ___
نکمّا کہہ کے کیا تجھ کو بُلائیں گے؟
یہ کیا کوئی طریقہ ہے؟
بتاؤ بادلوں کے چیتھڑوں کو کیا کہیں گے وہ، نکمّے ہیں؟
تم اُن کے کہنے پہ مت کان دینا
تمہاری حرکتوں کی وہ بڑی گنتی کراتے ہیں

سبھی تو جانتے ہیں تم کو میٹھا اچّھا لگتا ہے
تو کیا وہ 'لالچی' کہہ کے پُکاریں گے؟
ہمیں پھر کیا بُلائیں گے جنہیں تم میٹھے لگتے ہو!

DEFAMATION

Why are those tears in your eyes, my child?

How horrid of them to be always scolding you for nothing?

You have stained your fingers and face with ink while writing – is that why they call you dirty?

O, fie! Would they dare to call the full moon dirty because it has smudged its face with ink?

For every little trifle they blame you, my child. They are ready to find fault for nothing.

You tore your clothes while playing – is that why they call you untidy?

O, fie! What would they call an autumn morning that smiles through its ragged clouds?

Take no heed of what they say to you, my child.

They make a long list of your misdeeds. Everybody knows how you love sweet things – is that why they call you greedy?

O, fie! What then would they call us who love you?

২

শৈশবসন্ধ্যা

ধীরে ধীরে বিস্তারিছে ঘেরি চারিধার
শ্রান্তি, আর শান্তি, আর সন্ধ্যা-অন্ধকার,
মায়ের অঞ্চলসম। দাঁড়ায়ে একাকী
মেলিয়া পশ্চিম-পানে অনিমেষ আঁখি
স্তব্ধ চেয়ে আছি। আপনারে মগ্ন করি
অতলের তলে, ধীরে লইতেছে ভরি
জীবনের মাঝে আজিকার এই ছবি,
জনশূন্য নদীতীর, অস্তমান রবি,
ম্লান মূর্ছাতুর আলো রোদন-অরুণ,
ক্লান্ত নয়নের যেন দৃষ্টি সকরুণ
স্থির বাক্যহীন এই গভীর বিষাদ,
জলে স্থলে চরাচরে শ্রান্তি অবসাদ।
সহসা উঠিল গাহি কোন্‌খান হতে
বন-অন্ধকারঘন কোন্‌ গ্রামপথে
যেতে যেতে গৃহমুখে বালক-পথিক।
উচ্ছ্বসিত কণ্ঠস্বর নিশ্চিন্ত নির্ভীক
কাঁপিছে সপ্তম সুরে, তীব্র উচ্চতান
সন্ধ্যারে কাটিয়া যেন করিবে দুখান।
দেখিতে না পাই তারে। ওই সম্মুখে
প্রান্তরের সর্বপ্রান্তে, দক্ষিণের মুখে,
আখের খেতের পারে, কদলী সুপারি
নিবিড় বাঁশের বন, মাঝখানে তারি
বিশ্রাম করিছে গ্রাম, হোথা আঁখি ধায়।
হোথা কোন্‌ গৃহপানে গেয়ে চলে যায়
কোন্‌ রাখালের ছেলে, নাহি ভাবে কিছু,
নাহি চায় শূন্যপানে, নাহি আগুপিছু।

দেখে শুনে মনে পড়ে সেই সন্ধ্যাবেলা
শৈশবের। কত গল্প, কত বাল্যখেলা,
এক বিছানায় শুয়ে মোরা সঙ্গী তিন;
সে কি আজিকার কথা, হল কত দিন।
এখনো কি বৃদ্ধ হয়ে যায় নি সংসার।
ভোলে নাই খেলাধুলা, নয়নে তাহার
আসে নাই নিদ্রাবেশ শান্ত সুশীতল,
বাল্যের খেলনাগুলি করিয়া বদল
পায় নি কঠিন জ্ঞান? দাঁড়ায়ে হেথায়
নির্জন মাঠের মাঝে, নিস্তব্ধ সন্ধ্যায়,
শুনিয়া কাহার গান পড়ি গেল মনে
কত শত নদীতীরে, কত আম্র বনে,
কাংস্যঘন্টা-মুখরিত মন্দিরের ধারে,
কত শস্যক্ষেত্রপ্রান্তে, পুকুরের পাড়ে
গৃহে গৃহে জাগিতেছে নব হাসিমুখ,
নবীন হৃদয়ভরা নব নব সুখ,
কত অসম্ভব কথা, অপূর্ব কল্পনা,
কত অমূলক আশা, অশেষ কামনা,
অনন্ত বিশ্বাস। দাঁড়াইয়া অন্ধকারে
দেখিনু নক্ষত্রলোকে, অসীম সংসারে
রয়েছে পৃথিবী ভরি বালিকা বালক,
সন্ধ্যাশয্যা, মার মুখ, দীপের আলোক।

شام بچپن کی!

دھیرے دھیرے پھیلتی جاتی ہے شانتی اور تھکاوٹ شام کے اندھیرے کی
گھِرتی جاتی ہے سب کچھ ماں کے آنچل کی طرح
مَیں اکیلا ہی کھڑا چُپ چاپ دیکھے جاتا ہوں، پچھّم کی جانب
ٹکٹکی باندھے ہوئے..... 'بیکراں' میں مگن ہوں
بھر رہا ہوں زندگی میں آج کی تصویر (میں)
سُنسان دریا کا کنارا
ڈوبتے سورج کی مُرجھاتی ہوئی یہ روشنی، کیا غشی میں ہے
یا روتے روتے تھک گئی ہیں آنکھیں اور لال ہوگئی ہیں
میرے اندر اک اُداسی گھُل رہی ہے 11
اک تھکاوٹ سارے اِس ماحول سے!

پھر اچانک____ گھر کی جانب جاتے جاتے ایک لڑکا
گاؤں کی پگڈنڈی، جس پر سایے لمبے ہوگئے ہیں جنگلوں کے،__ گانے لگتا ہے
اُونچے سر میں اور کھُلی آواز میں گاتا ہوا
جیسے اپنے ''تیوڑ'' سُر سے چیر دے گا شام کو!

گو نظر آتا نہیں وہ____ آنکھ جاتی ہے پَرے کے گاؤں پر،
دکھِنّ کے میدانوں کے آگے
گنّے کے کھیتوں کے پار

کیلے سُپاری کے درختوں، بانسوں کے جنگل جہاں پر
بیچوں بیچ آرام کرتا گاؤں ہے
ایک لڑکا ہے گڈریے کا چلا جاتا ہے بِن سوچے، بِنا دیکھے

آنکھ اُٹھاتا ہے نہ امبر کی طرف، نہ دیکھتا آگے، نہ پیچھے
یہ سب کچھ دیکھتے سُنتے ہوئے دُھن، یاد آجاتی ہے وہ بچپن کی شام
کتنے قصّے، کتنے سارے کھیل بچپن کے ___ ایک ہی بستر میں ہم تینوں
کتنے پیچھے چھوڑ آیا ہوں وہ دن!

کیا ابھی دُنیا نہیں بُوڑھی ہوئی ___ وہ سارے کھیل کیا بھولے نہیں
آنکھ میں کیا چین کی نیند آج تک آئی نہیں؟
کیا کھلونے بچّوں کے بدلے نہیں ہیں ''گیان'' میں؟

مَیں کھڑا ہوں خالی اس میدان میں، شام کی خاموشی میں
کِس کو سُن کر، کتنا کچھ پھر یاد آتا ہے
کتنی ندیوں کے کنارے ___ آمرائی کتنی ساری

کتنے کھیتوں کے کنارے، مندروں میں بجتے ہیں کانسی کے گھنٹے
اور تلّیا پاس کی بستی! ___ جاگتے ہنس مُکھ نئے چہرے، اُمنگوں سے بھرے
گھر گھر بسے ہیں
بے شُمار اُمیدیں، سپنے،
خواہشیں، وِشواس جو بے انت ہیں!

اِس اندھیرے میں کھڑے دیکھا ہے مَیں نے
تاروں سے روشن زمیں، ___ لبریز لڑکے لڑکیوں سے،
ماؤں کے چہروں سے، اور روشن چراغوں سے!

THE HOME

I paced alone on the road across the field while the sunset was hiding its gold like a miser.

The daylight sank deeper and deeper into the darkness, and the widowed land, whose harvest had been reaped, lay silent.

Suddenly a boy's shrill voice rose into the sky. He traversed the dark unseen, leaving the track of his song across the hush of the evening.

His village home lay there at the end of the wasteland, beyond the sugar-cane field, hidden among the shadows of the banana and the slender areca palm, the coconut and the dark green jackfruit trees.

I stopped for a moment in my lonely way under the starlight, and saw spread before me the darkened earth surrounding with her arms countless homes furnished with cradles and beds, mothers' hearts and evening lamps, and young lives glad with a gladness that knows nothing of its value for the world.

ঘুমচোরা

কে নিল খোকার ঘুম হরিয়া?
মা তখন জল নিতে ও পাড়ার দিঘিটিতে
গিয়াছিল ঘট কাঁখে করিয়া।
তখন রোদের বেলা সবাই ছেড়েছে খেলা,
ও পারে নীরব চখা-চখীরা;
শালিক থেমেছে ঝোপে, শুধু পায়রার খোপে
বকাবকি করে সখা-সখীরা;
তখন রাখাল ছেলে পাঁচনি ধুলায় ফেলে
ঘুমিয়ে পড়েছে বটতলাতে;
বাঁশ-বাগানের ছায়ে এক-মনে এক পায়ে
খাড়া হয়ে আছে বক জলাতে।
সেই ফাঁকে ঘুমচোর ঘরেতে পশিয়া মোর
ঘুম নিয়ে উড়ে গেল গগনে,
মা এসে অবাক রয়, দেখে খোকা ঘর-ময়
হামাগুড়ি দিয়ে ফিরে সঘনে।
আমার খোকার ঘুম নিল কে।
যেথা পাই সেই চোরে বাঁধিয়া আনিব ধরে,
সে লোক লুকাবে কোথা ত্রিলোকে।
যাব সে গুহার ছায়ে কালো পাথরের গায়ে
কুলু কুলু বহে যেথা ঝরনা।
যাব সে বকুলবনে নিরিবিলি সে বিজনে
ঘুঘুরা করিছে ঘর-করনা।
যেখানে সে বুড়া বট নামায়ে দিয়েছে জট,
ঝিল্লি ডাকিছে দিনে দুপুরে,
যেখানে বনের কাছে বনদেবতারা নাচে
চাঁদিনিতে রুনুঝুনু নূপুরে,
যাব আমি ভরা সাঁঝে সেই বেণুবন-মাঝে
আলো যেথা রোজ জ্বালে জোনাকি;

শুধাব মিনতি করে, 'আমাদের ঘুমচোরে
তোমাদের আছে জানাশোনা কি।'
কে নিল খোকার ঘুম চুরায়ে।
কোনোমতে দেখা তার পাই যদি একবার
লই তবে সাধ মোর পুরায়ে।
দেখি তার বাসা খুঁজি কোথা ঘুম করে পুঁজি,
চোরা ধন রাখে কোন্ আড়ালে।
সব লুঠি লব তার, ভাবিতে হবে না আর
খোকার চোখের ঘুম হারালে
ডানা দুটি বেঁধে তারে নিয়ে যাব নদীপারে
সেখানে সে ব'সে এক কোণেতে
জলে শরকাঠি ফেলে মিছে মাছ-ধরা খেলে
দিন কাটাইবে কাশবনেতে।
যখন সাঁঝের বেলা ভাঙিবে হাটের মেলা
ছেলেরা মায়ের কোল ভরিবে,
সারা রাত টিটি-পাখি টিটকারি দিবে ডাকি –
'ঘুমচোরা কার ঘুম হরিবে।'

نیندیا چور

کس نے نیند چُرائی ہے میرے بچّے کی؟
کمر پہ گاگر رکھ کے ماں، یہ پاس کے گاؤں پانی لانے ہی تو گئی تھی____
دوپہر کا وقت تھا، کھیل کا وقت بھی بیت گیا تھا
بطخیں بھی تالاب میں اُونگھ رہی تھیں
برگد کی چھاؤں میں گڈریا چھورا بھی اب سویا ہوا تھا____
''کونج'' آموں والے جوہڑ میں ہی چُپ چاپ کھڑی تھی____
اُسی بیچ میں ''نندیا چور'' نے بچّے کی آنکھوں سے نیند چرائی، اُڑ گئی
ماں واپس آئی تو دیکھا بچّہ کہنیوں اور گھٹنوں پر سارے گھر میں گھوم رہا ہے!

کس نے نیند چُرائی ہے میرے بچّے کی؟
بہت ضروری ہے یہ پتہ لگانا، ڈھونڈنا اور زنجیر میں باندھنا اُس کو!

کالی گُفا میں دیکھوں جا کے، گول گول جن پتّھروں اور چٹانوں میں
اِک پتلا جھرنا بہتا ہے
'بتُول' کے پیڑوں کی اُونگھتی چھاؤں میں
جہاں کبوتر دُبکے بیٹھے غُٹر غٹر غوں کرتے ہیں اور____
اور پریوں کی پائیل کے گھُنگھرو بجتے ہیں
تاروں بھری راتوں کے سنّاٹے میں!

شام کو جھانک کے بانسوں کے جنگل میں پھر سرگوشیاں سُنی ہوں گی
جہاں پہ جُگنو روشنی کے قطرے بکھراتے ہیں
جو بھی ملا اُس سے یہ پوچھنا ہوگا
''ندیا چور کہاں رہتا ہے؟
جس نے میرے بچّے کی آنکھوں سے نیند چُرائی ہے؟''
ہاتھ لگے تو اُس کو پکڑ کے سبق سکھانا چاہیئے ناں؟

اُس کا گھونسلہ لوٹ لوں مَیں گر پتہ
چوری کی نیند کہاں رکھتا ہے
لوٹ لوں اور سب گھر لے جاؤں

باندھ کے دونوں پنکھ اُس کے،
اور ندی کنارے رکھ دوں ماچھ پکڑنے کو
ہاتھ میں سرکنڈہ دے کر،
کنول کنارے اور بہتے بھنوروں کے پاس!

شام کی بازاری جب نپٹے، بچّے ماں کی گود میں لوٹیں،
رات کے سارے پنچھی اُس کے کان مروڑیں گے
''کس کی نیند چُراؤ گے اب؟
کس کی نیند چُراؤ گے؟''

THE CRESCENT MOON

Who stole sleep from baby's eyes? I must know.

Clasping her pitcher to her waist mother went to fetch water from the village nearby.

It was noon. The children's playtime was over; the ducks in the pond were silent.

The shepherd boy lay asleep under the shadow of the banyan tree.

The crane stood grave and still in the swamp near the mango grove.

In the meanwhile the Sleep-stealer came and, snatching sleep from baby's eyes, flew away.

When mother came back she found baby travelling the room over on all fours.

Who stole sleep from our baby's eyes? I must know. I must find her and chain her up.

I must look into that dark cave, where, through boulders and scowling stones, trickles a tiny stream.

I must search in the drowsy shade of the bakula grove, where pigeons coo in their corner, and fairies' anklets tinkle in the stillness of starry nights.

In the evening I will peep into the whispering silence of the bamboo forest, where fireflies squander their light, and will ask every creature I meet.

'Can anybody tell me where the Sleep-stealer lives?'

Who stole sleep from baby's eyes? I must know.

Shouldn't I give her a good lesson if I could only catch her!

I would raid her nest and see where she hoards all her stolen sleep.

I would plunder it all, and carry it home.

I would bind her two wings securely, set her on the bank of the river, and then let her play at fishing with a reed among the rushes and water lilies.

When the marketing is over in the evening, and the village children sit in their mothers' laps, then the night birds will mockingly din her ears with:

'Whose sleep will you steal now?'

নির্লিপ্ত

বাছা রে মোর বাছা,
ধূলির 'পরে হরষভরে
লইয়া তৃণগাছা
আপন মনে খেলিছ কোণে,
কাটিছে সারা বেলা।
হাসি গো দেখে এ ধূলি মেখে
এ তৃণ লয়ে খেলা।
আমি যে কাজে রত,
লইয়া খাতা ঘুরাই মাথা
হিসাব কষি কত,
আঁকের সারি হতেছে ভারী
কাটিয়া যায় বেলা –
ভাবিছ দেখি মিথ্যা একি
সময় নিয়ে খেলা।
বাছা রে মোর বাছা,
খেলিতে ধূলি গিয়েছি ভুলি
লইয়া তৃণগাছা।
কোথায় গেলে খেলনা মেলে
ভাবিয়া কাটে বেলা,
বেড়াই খুঁজি করিতে পুঁজি
সোনারুপার ঢেলা।
যা পাও চারি দিকে
তাহাই ধরি তুলিছ গড়ি
মনের সুখটিকে।
না পাই যারে চাহিয়া তারে
আমার কাটে বেলা,
আশাতীতেরই আশায় ফিরি
ভাসাই মোর ভেলা।

کھیل

بچُّو میرے بچُّو___

کتنے خوش ہو بچُّو تم

مٹّی میں اک ڈنڈی لے کر

دن بھر کھیلتے رہتے ہو

ہنستا ہوں جب دیکھتا ہوں، مٹّی میں اَٹا، ڈنڈی کا کھیل !

اور مَیں کھاتا لے کر ہر دم،

ماتھا مارتا رہتا ہوں___

ہندسے اور حساب کو لے کر

سوچتے ہو کیوں جھوٹ موٹ کے کھیل میں وقت گنواتا ہوں

بچُّو رے بچُّو___

مَیں بھول چُکا ہوں بچّو،

پتّی اور مٹّی کا کھیل

دولت ڈھونڈتا رہتا ہوں___ سونے اور چاندی کی ڈلیاں

تم کو جو ملتا ہے اُس سے، من کا کھیل بنا لیتے ہو

مَیں جو ملتا نہیں وہ ڈھونڈنے میں ہی وقت گنواتا ہوں!

اِچھا میں تیر کے اِچھّا ہی میں، لوٹ کے پھر سے

اپنی ناؤ بہاتا ہوں!

PLAYTHINGS

Child, how happy you are sitting in the dust, playing
with a broken twig all morning.

I smile at your play with that little bit of a broken twig.

I am busy with my accounts, adding up figures
by the hour.

Perhaps you glance at me and think, 'What a stupid
game to spoil your morning with!'

Child, I have forgotten the art of being absorbed in
sticks and mud pies.

I seek out costly playthings, and gather lumps of gold
and silver.

With whatever you find you create your glad games, I
spend both my time and my strength over things
I never can obtain.

In my frill canoe I struggle to cross the sea of desire,
and forget that I too am playing a game.

জন্মকথা

খোকা মাকে শুধায় ডেকে –
'এলেম আমি কোথা থেকে,
কোন্‌খানে তুই কুড়িয়ে পেলি আমারে।'
মা শুনে কয় হেসে কেঁদে
খোকারে তার বুকে বেঁধে –
'ইচ্ছা হয়ে ছিলি মনের মাঝারে।
ছিলি আমার পুতুল-খেলায়,
প্রভাতে শিবপূজার বেলায়
তোরে আমি ভেঙেছি আর গড়েছি।
তুই আমার ঠাকুরের সনে
ছিলি পূজার সিংহাসনে,
তাঁরি পূজায় তোমার পূজা করেছি।
আমার চিরকালের আশায়,
আমার সকল ভালোবাসায়,
আমার মায়ের দিদিমায়ের পরানে –
পুরানো এই মোদের ঘরে
গৃহদেবীর কোলের 'পরে
কতকাল যে লুকিয়ে ছিলি কে জানে।
যৌবনেতে যখন হিয়া
উঠেছিল প্রস্ফুটিয়া,
তুই ছিলি সৌরভের মতো মিলায়ে,
আমার তরুণ অঙ্গে অঙ্গে
জড়িয়ে ছিলি সঙ্গে সঙ্গে
তোর লাবণ্য কোমলতা বিলায়ে।
সব দেবতার আদরের ধন
নিত্যকালের তুই পুরাতন,
তুই প্রভাতের আলোর সমবয়সী –
তুই জগতের স্বপ্ন হতে

এসেছিস আনন্দ-স্রোতে
নূতন হয়ে আমার বুকে বিলসি।
নির্নিমেষে তোমায় হেরে
তোর রহস্য বুঝি নে রে,
সবার ছিলি আমার হলি কেমনে।
ওই দেহে এই দেহ চুমি
মায়ের খোকা হয়ে তুমি
মধুর হেসে দেখা দিলে ভুবনে।
হারাই হারাই ভয়ে গো তাই
বুকে চেপে রাখতে যে চাই,
কেঁদে মরি একটু সরে দাঁড়ালে।
জানি না কোন্ মায়ায় ফেঁদে
বিশ্বের ধন রাখব বেঁধে
আমার এ ক্ষীণ বাহু দুটির আড়ালে।'

اُمید

منّے نے ___ ماں کو بُلا کے پوچھا:
''ماں ___ کہاں سے آیا تھا مَیں ؟
اور تم کو ملا کہاں؟''

اَدھ روئی، اَدھ ہنستی ماں ___ چھاتی سے لگا کر بولی تھی
''اِچھّا بن کر آئے تھے ___ اور تم میرے من میں تھے
تم میرے بچپن کے 'گڑیا کھیل' میں تھے
روز صبح، شِو کی پوجا میں ___ تم کو گھڑتی، توڑتی تھی
جب 'ٹھاکر' کی پوجا کرتی
تم سنگ سنگھاسن پر ہوتے
ساتھ تمہاری پوجا کرتی

تم میری اُمیّد میں تھے ___ اور پُوری چاہت میں تھے
میری ماں کی، دیدی ماں کی، جان تھے تم!
گھر میں ایک پُرانے ''گھر بھنڈار'' کے اندر
''کُل دیوی'' کی گود کے پار
کیا معلوم، کہاں پہ کب سے، چھُپے ہوئے تھے؟

میرے لڑکپن کی ''انگ پتیاں'' کھُلنے لگیں جب
خوشبو کی طرح تم گرد مرے، بھنوراتے رہے
پربھات کے ہلکے ہلکے اُجالے کی مانند
بالغ ہوتے ہوتے میرے انگوں میں تم، کھِلتے رہے!

نئے نئے دُنیا میں خوشی بھرتے____
صبح کی روشنی میں بہتے بہتے، تم آئے
آئے میرے من میں، مجھ کو موہ لیا!

چہرہ دیکھ، حیراں ہوتی ہوں
بھر جاتی ہوں سوچ کے مَیں
سب کے تھے تم، میرے ہوئے تم کیسے؟
اِس دیہہ کو چوم کے ماں کے ہوئے تم کیسے؟

ڈر سے تم کو کھو نہ دُوں
چھاتی سے لگا کے رکھتی ہوں
روپڑتی ہوں ذرا پرے ہٹتے ہو تو!

دُنیا کا خزانہ، اور مری،
کمزور سی دو باہوں میں رکھا ہے
تُو کیسا طِلسم ہے مُنّا!
کیسا اِسرار ہے منّا!!

THE BEGINNING

'Where have I come from, where did you pick me up?' the baby asked its mother.

She answered half-crying, half-laughing, and clasping the baby to her breast, 'You were hidden in my heart as its desire, my darling.

You were in the dolls of my childhood's games; and when with clay I made the image of my god every morning, I made and unmade you then.

You were enshrined with our household deity, in his worship I worshipped you.

In all my hopes and my loves, in my life, in the life of my mother you have lived.

In the lap of the deathless Spirit who rules our home you have been nursed for ages.

When in girlhood my heart was opening its petals, you hovered as fragrance about it.

Your tender softness bloomed in my youthful limbs, like a glow in the sky before the sunrise.

Heaven's first darling, twin-born with the morning light, you have floated down the stream of the world's life, and at last you have stranded on my heart.

As I gaze on your face, mystery overwhelms me; you who belong to all have become mine.

For fear of losing you I hold you tight to my breast. What magic has snared the world's treasure in these slender arms of mine?'

ছোটোবড়ো

এখনো তো বড়ো হই নি আমি,
ছোটো আছি ছেলেমানুষ ব'লে।
দাদার চেয়ে অনেক মস্ত হব
বড়ো হয়ে বাবার মতো হলে।
দাদা তখন পড়তে যদি না চায়,
পাখির ছানা পোষে কেবল খাঁচায়,
তখন তারে এমনি বকে দেব!
বলব, 'তুমি চুপটি ক'রে পড়ো।'
বলব, 'তুমি ভারি দুষ্টু ছেলে'।
যখন হব বাবার মতো বড়ো।
তখন নিয়ে দাদার খাঁচাখানা
ভালো ভালো পুষব পাখির ছানা।
সাড়ে দশটা যখন যাবে বেজে
নাবার জন্যে করব না তো তাড়া।
ছাতা একটা ঘাড়ে ক'রে নিয়ে
চটি পায়ে বেড়িয়ে আসব পাড়া।
গুরুমশায় দাওয়ায় এলে পরে
চৌকি এনে দিতে বলব ঘরে,
তিনি যদি বলেন 'সেলেট কোথা?
দেরি হচ্ছে, বসে পড়া করো'
আমি বলব, 'খোকা তো আর নেই,
হয়েছি যে বাবার মতো বড়ো।'
গুরুমশায় শুনে তখন কবে,
'বাবুমশায়, আসি এখন তবে।'
খেলা করতে নিয়ে যেতে মাঠে
ভুলু যখন আসবে বিকেল বেলা,
আমি তাকে ধমক দিয়ে কব,
'কাজ করছি, গোল কোরো না মেলা।'

রথের দিনে খুব যদি ভিড় হয়
একলা যাব, করব না তো ভয় –
মামা যদি বলেন ছুটে এসে
'হারিয়ে যাবে, আমার কোলে চড়ো'
বলব আমি, 'দেখছ না কি মামা,
হয়েছি যে বাবার মতো বড়ো।'
দেখে দেখে মামা বলবে, 'তাই তো,
খোকা আমার সে খোকা আর নাই তো।'
আমি যেদিন প্রথম বড়ো হব
মা সেদিনে গঙ্গাস্নানের পরে
আসবে যখন খিড়কি-দুয়োর দিয়ে
ভাববে 'কেন গোল শুনি নে ঘরে।'
তখন আমি চাবি খুলতে শিখে
যত ইচ্ছে টাকা দিচ্ছি ঝিকে,
মা দেখে তাই বলবে তাড়াতাড়ি,
'খোকা, তোমার খেলা কেমনতরো।'
আমি বলব, 'মাইনে দিচ্ছি আমি,
হয়েছি যে বাবার মতো বড়ো।
ফুরোয় যদি টাকা, ফুরোয় খাবার,
যত চাই মা, এনে দেব আবার।'
আশ্বিনেতে পুজোর ছুটি হবে,
মেলা বসবে গাজনতলার হাটে,
বাবার নৌকো কত দূরের থেকে
লাগবে এসে বাবুগঞ্জের ঘাটে।
ব'বা মনে ভাববে সোজাসুজি,
খোকা তেমনি খোকাই আছে বুঝি,
ছোটো ছোটো রঙিন জামা জুতো
কিনে এনে বলবে আমায় 'পরো'।
আমি বলব, 'দাদা পরুক এসে,
আমি এখন তোমার মতো বড়ো।
দেখছ না কি যে ছোটো মাপ জামার –
পরতে গেলে আঁট হবে যে আমার।'

بڑا ہوں گا!

ابھی تو مَیں، بڑا نہیں ہوں ناں ___ مَیں چھوٹا ہوں ابھی مُنّا ہی کہتے ہیں
مَیں دادا سے زیادہ مست نکلوں گا ___ بڑا ہوں گا تو اتنا، جتنے بابا ہیں!

اگر دادا کبھی پڑھنا نہیں چاہیں ___ لئے طوطے کا پنجرہ کھیلتے ہوں گے
کہوں گا ڈانٹ کر اُن کو ___ چلو چُپ چاپ بیٹھو اور پڑھو جا کر
کہوں گا، ''تم بڑے بد معاش لڑکے ہو''

بجیں گے ساڑھے دس جب مَیں ___ بڑے آرام سے اُتروں گا، نیچے 31
مَیں لے کر چھتری، پیروں میں چپّل ___ محلّہ گھوم آؤں گا........

مجھے جب ماسٹر آ کر کہے گا
''کتابیں لاؤ، دیری ہو رہی ہے، سلیٹ پکڑو''
کہوں گا مَیں، ''مَیں اب مُنّا نہیں ہوں،
مَیں بابا کے برابر ہو گیا ہوں!''
بڑے حیران ہوں گے ماسٹر جی اور بولیں گے
''تو پھر اب میں چلوں، ___ بابو موشائے!''

مجھے جب کھیلنے، میدان میں، لے جانے کو، آئے گا بھولا
کہوں گا مَیں بہت مصروف ہوں، دیکھو ___ چلو مت غُل کرو تم!

مَیں میلے کو جو نکلوں گا، اکیلا___ جہاں پر بھیڑ ہوتی ہے
آ ئیں گے دوڑے دوڑے ماما
''کہیں کھو جاؤ گے مُنّا۔ مَیں تم کو لے کے چلتا ہوں!''
مجھے کہنا پڑے گا: ''ذرا دیکھو تو ماما، اب مَیں بابا کے برابر ہو گیا ہوں''
وہ دیکھیں گے، کہیں گے، ''ہاں___ ارے مُنّا، مِرا مُنّا تو اب___ مُنّا نہیں ہے!''

مَیں جب پہلے پہل ہوں گا بڑا اُس دن___
نہا کے گھاٹ سے لوٹے گی ماں، جیسے ہی، دیکھے گی
کہ گھر میں غُسل نہیں ہے___ اور مَیں چابی سے بکسہ کھول کر بائی کو پیسے دے رہا ہوں
کہے گی ماں، ''یہ تم کیا کر رہے ہو پاجی بچّے؟''
کہوں گا___ ''ماں___ مَیں تنخواہ دے رہا ہوں
پتہ بھی ہے، مَیں بابا کے برابر ہو گیا ہوں
اگر کم پڑ گئے پیسے تو کہنا اور لا دوں گا!''

دسہرے کے دِنوں میں چھٹیاں ہوں گی،
تو بابا ناؤ سے لوٹیں گے سوچیں گے
کہ مُنّا تو ابھی مُنّا ہے، لے آئیں گے
چھوٹے چھوٹے جوتے اور کُرتی!
کہوں گا___ ''بابا یہ دادا کو دے دو
کہ مَیں تو اب تمہارے ہی برابر ہو گیا ہوں!''

THE LITTLE BIG MAN

I am small because I am a little child. I shall be big when I am as old as my father is.

My teacher will come and say. 'It is late, bring your slate and your books.'

I shall tell him, 'Do you not know I am as big as father? And I must not have lessons any more.'

My master will wonder and say, 'He can leave his books if he likes, for he is grown up.'

I shall dress myself and walk to the fair where the crowd is thick.

My uncle will come rushing up to me and say, 'You will get lost, my boy; let me carry you.'

I shall answer, 'Can't you see, Uncle, I am as big as father. I must go to the fair alone.'

Uncle will say, 'Yes, he can go wherever he likes, for he is grown up.'

Mother will come from her bath when I am giving money to my nurse, for I shall know how to open the box with my key.

Mother will say, 'What are you about, naughty child?'

I shall tell her, 'Mother, don't you know, I am as big as father, and I must give silver to my nurse.'

Mother will say to herself, 'He can give money to whom he likes, for he is grown up.'

In the holiday time in October father will come home and, thinking that I am still a baby, will bring for me from the town little shoes and small silken frocks.

I shall say, 'Father, give them to my dada [elder brother], for I am as big as you are.'

Father will think and say, 'He can buy his own clothes if he likes, for he is grown up.'

প্রশ্ন

মা গো, আমায় ছুটি দিতে বল্,
    সকাল থেকে পড়েছি যে মেলা।
এখন আমি তোমার ঘরে ব'সে
    করব শুধু পড়া-পড়া খেলা।
তুমি বলছ দুপুর এখন সবে,
    নাহয় যেন সত্যি হল তাই,
একদিনও কি দুপুরবেলা হলে
    বিকেল হল মনে করতে নাই ?
আমি তো বেশ ভাবতে পারি মনে
    সুয্যি ডুবে গেছে মাঠের শেষে,
বাগ্দি-বুড়ি চুবড়ি ভরে নিয়ে
    শাক তুলেছে পুকুর-ধারে এসে।
আঁধার হল মাদার-গাছের তলা,
    কালি হয়ে এল দিঘির জল,
হাটের থেকে সবাই এল ফিরে,
    মাঠের থেকে এল চাষির দল।
মনে কর্-না উঠল সাঁঝের তারা,
    মনে কর্-না সন্ধে হল যেন।
রাতের বেলা দুপুর যদি হয়
    দুপুর বেলা রাত হবে না কেন।

دوپہر

او ماں،
اب مجھ کو چھٹّی دینے کو، بولو____ صبح سے پڑھ رہا ہوں مَیں____

تمہارے کمرے میں جاکر____ مَیں پڑھنا پڑھنا کھیلوں گا!
''ابھی دوپہر ہے'' بس کہہ دیا تم نے
کسی دن یُوں نہیں لگتا دوپہری میں____ کہ شام ہونے لگی ہے

مَیں آنکھیں بند کرلُوں تو،

بڑے آرام سے مَیں سوچ سکتا ہوں
کہ سورج جارہا ہے پار کھیتوں کے
مچھیرن بُوڑھی بھی تالاب سے اب
ساگ چُن کر جارہی ہے

گھنا ہونے لگا ہے اب اندھیرا،
برگدوں کے پیڑوں کے نیچے
تلّیا کا بھی پانی کالا دِکھتا ہے
سبھی تو ''ہاٹ'' سے اب لوٹ آئے ہیں
کسانوں کی بھی ٹولی، کھیتیوں سے لوٹ آئی ہے
ذرا سوچو، نکل آیا ہے سانجھ کا تارا
ذرا سا سوچ لو، شام ہوگئی ہے
بتاؤ رات میں دوپہر ہوسکتی ہے تو،
تو پھر دوپہر میں کیوں رات ہوسکتی نہیں!!

TWELVE O'CLOCK

Mother, I do warn to leave off my lessons now, I have been at my book all the morning.

You say it is only twelve o'clock. Suppose it isn't any later; can't you ever think it is afternoon when it is only twelve o'clock?

I can easily imagine now that the sun has reached the edge of that rice field, and the old fisherwoman is gathering herbs for her supper by the side of the pond.

I can just shut my eyes and think that the shadows are growing darker under the madar tree, and the water in the pond looks shiny black.

If twelve o'clock can come in the night, why can't the night come when it is twelve o'clock?

সমব্যথী

যদি খোকা না হয়ে
আমি হতেম কুকুর-ছানা –
তবে পাছে তোমার পাতে
আমি মুখ দিতে যাই ভাতে
তুমি করতে আমায় মানা ?
সত্যি করে বল্
আমায় করিস নে মা, ছল –
বলতে আমায় 'দূর দূর দূর।
কোথা থেকে এল এই কুকুর ?'
যা মা, তবে যা মা,
আমায় কোলের থেকে নামা।
আমি খাব না তোর হাতে,
আমি খাব না তোর পাতে।

যদি খোকা না হয়ে
আমি হতেম তোমার টিয়ে,
তবে পাছে যাই মা, উড়ে
আমায় রাখতে শিকল দিয়ে ?
সত্যি করে বল্
আমায় করিস নে মা, ছল –
বলতে আমায় 'হতভাগা পাখি
শিকল কেটে দিতে চায় রে ফাঁকি ?'
তবে নামিয়ে দে মা,
আমায় ভালোবাসিস নে মা।
আমি রব না তোর কোলে,
আমি বনেই যাব চলে।

اگر مگر

اگر منّا نہ ہوتا مَیں ___ تمہاری گود کا چھوٹا سا پِلّہ ہو گیا ہوتا
تمہاری تھالی میں مُنہ مارتا تو ___ منع کرتیں مجھے کیا تم ؟
مجھے سچ سچ بتانا __ بہانا مت بنانا ___ کیا مجھے دھتکار دیتیں ''دُر'' ؟
''کہاں سے آگیا یہ پاجی پِلّہ __ دُر __ !''

تو پھر جاؤ ___ اُتارو گود سے مجھ کو
تمہارے ہاتھ سے کھانا نہیں مجھ کو
تمہاری تھالی سے کھانا نہیں ہے !

اگر منّا نہ ہوتا مَیں ___ تمہارے گھر کا طوطا ہو گیا ہوتا
مجھے کیا باندھ کے رکھتیں ___ کہیں مَیں اُڑ نہیں جاؤں ؟
مجھے سچ سچ بتانا ماں ___ بہانا مت بنانا ماں ___ !

''کہاں سے آیا یہ کمبخت پنچھی ___ یہ چکمہ دے گا __ سنگلی کاٹ کے
اُڑ جائے گا __ اِک دن !''

اُتارو گود سے مجھ کو ___ نہیں مَیں لاڈلا تیرا
نہیں رہنا ہے تیری گود میں مجھ کو
مَیں اُڑ جاؤں گا جنگل میں
چلا جاؤں گا جنگل میں !!

SYMPATHY

If I were only a little puppy, not your baby, mother dear, would you say 'No' to me if I tried to eat from your dish?

Would you drive me off, saying to me, 'Get away, you naughty little puppy?'

Then go, mother, go! I will never come to you when you call me, and never let you feed me any more.

If I were only a little green parrot, and not your baby, mother dear, would you keep me chained lest I should fly away?

Would you shake your finger at me and say, 'What an ungrateful wretch of a bird! It is gnawing at its chain day and night?'

Then, go, mother, go! I will run away into the woods, I will never let you take me in your arms again.

বীরপুরুষ

মনে করো যেন বিদেশ ঘুরে
মাকে নিয়ে যাচ্ছি অনেক দূরে।
তুমি যাচ্ছ পালকিতে মা চড়ে
দরজা দুটো একটুকু ফাঁক করে,
আমি যাচ্ছি রাঙা ঘোড়ার 'পরে
টগ্‌বগিয়ে তোমার পাশে পাশে।
রাস্তা থেকে ঘোড়ার খুরে খুরে
রাঙা ধুলোয় মেঘ উড়িয়ে আসে।
সন্ধে হল, সূর্য নামে পাটে,
এলেম যেন জোড়াদিঘির মাঠে।
ধূধূ করে যে দিক-পানে চাই,
কোনোখানে জনমানব নাই,
তুমি যেন আপন-মনে তাই
ভয় পেয়েছ – ভাবছ, 'এলেম কোথা !'
আমি বলছি, 'ভয় কোরো না মা গো,
ওই দেখা যায় মরা নদীর সোঁতা।'
চোরকাঁটাতে মাঠ রয়েছে ঢেকে,
মাঝখানেতে পথ গিয়েছে বেঁকে।
গোরু বাছুর নেইকো কোনোখানে,
সন্ধে হতেই গেছে গাঁয়ের পানে,
আমরা কোথায় যাচ্ছি কে তা জানে,
অন্ধকারে দেখা যায় না ভালো।
তুমি যেন বললে আমায় ডেকে,
'দিঘির ধারে ওই যে কিসের আলো !'
এমন সময় 'হাঁরে রে রে রে রে,'
ওই যে কারা আসতেছে ডাক ছেড়ে।
তুমি ভয়ে পালকিতে এক কোণে

ঠাকুর-দেবতা স্মরণ করছ মনে,
বেয়ারাগুলো পাশের কাঁটাবনে
পালকি ছেড়ে কাঁপছে থরোথরো।
আমি যেন তোমায় বলছি ডেকে,
'আমি আছি, ভয় কেন মা কর।'
হাতে লাঠি, মাথায় ঝাঁকড়া চুল,
কানে তাদের গোঁজা জবার ফুল।
আমি বলি, 'দাঁড়া, খবর্‌দার!
এক পা কাছে আসিস যদি আর –
এই চেয়ে দেখ্ আমার তলোয়ার,
টুকরো করে দেব তোদের সেরে।'
শুনে তারা লম্ফ দিয়ে উঠে
চেঁচিয়ে উঠল, 'হাঁরে রে রে রে রে।'
তুমি বললে, 'যাস নে খোকা ওরে,'
আমি বলি, 'দেখো না চুপ করে।'
ছুটিয়ে ঘোড়া গেলেম তাদের মাঝে,
ঢাল তলোয়ার ঝন্‌ঝনিয়ে বাজে,
কী ভয়ানক লড়াই হল মা যে,
শুনে তোমার গায়ে দেবে কাঁটা।
কত লোক যে পালিয়ে গেল ভয়ে,
কত লোকের মাথা পড়ল কাটা।
এত লোকের সঙ্গে লড়াই করে
ভাবছ খোকা গেলই বুঝি মরে।
আমি তখন রক্ত মেখে ঘেমে
বলছি এসে, 'লড়াই গেছে থেমে,'
তুমি শুনে পালকি থেকে নেমে
চুমো খেয়ে নিচ্ছ আমায় কোলে –
বলছ, 'ভাগ্যে খোকা সঙ্গে ছিল!
কী দুর্দশাই হত তা না হলে।'
রোজ কত কী ঘটে যাহা-তাহা –

এমন কেন সত্যি হয় না, আহা।
ঠিক যেন এক গল্প হত তবে,
শুনত যারা অবাক হত সবে,
দাদা বলত, ‘কেমন করে হবে,
    খোকার গায়ে এত কি জোর আছে।’
পাড়ার লোকে সবাই বলত শুনে,
    ‘ভাগ্যে খোকা ছিল মায়ের কাছে।’

ویر پُرُش

دُور دراز بدیش کہیں، سوچو تو ذرا
ماں کو لے کر نکلا ہوں مَیں !___

ماں تم پالکی میں بیٹھی ہو___ دروازے سے جھانک رہی ہو
مَیں رنگیلے گھوڑے اُوپر___ ٹگ بگ، ٹگ بگ، پاس پاس ہوں
گھوڑے کے کُھر رنگ برنگی دُھول اُڑاتے

شام آئی، اور سورج ڈوبنے والا تھا
''جوڑدِگھی'' کا وِیرانہ جب سامنے آیا
دُور دُور سُنسان تھا سب___ من ہی من تم ڈری ہوئی تھیں___ سوچتی تھیں___

''ہم لوگ کہاں ہیں؟''
مَیں کہتا ہوں ''ڈرو نہیں ماں___ ڈرو نہیں___ وہ دیکھو سامنے ندی کنارا''
چاروں طرف سب نوکیلے سرکنڈے تھے
بیچوں بیچ اک لہراتی پگڈنڈی تھی
گائے گورُو، کوئی نہیں تھے___
شام ہوتے سب (ہی) گاؤں لوٹ گئے ہوں گے
کیا جانے ہم کہاں چلے تھے؟
اندھیرے میں ٹھیک سے دیکھ نہیں سکتے تھے
تم نے پاس بُلا کر پوچھا___ ''دُور کہیں وہ روشنی کیا ہے؟''

ایسے میں اک ''او رے، رے رے''، شور ہوا
''ہوئی ہوئی'' کرتے لوگ ہماری جانب دوڑے
ڈر کے تم تو دُبک گئیں، اِک کونے میں
اور کہار سب ڈر کے مارے
پالکی چھوڑ کے کانپ رہے تھے
مَیں— رک کے بولا تم سے
''ڈرو نہیں ماں___ مَیں جو ہوں!''
ہاتھوں میں لاٹھیاں، ماتھے پر بکھرائے بال
کانوں میں بالیاں ڈالے 'جَو' کی، آئے سارے!

مَیں چلاّیا، ''ٹھہرو___ اے اے خبردار!
ایک قدم آگے مت رکھنا،
آنکھ اُٹھا کے دیکھ، ذرا تلوار مِری
ٹکڑے ٹکڑے کر دوں گا مَیں سب کے!''
سُن کر ایک دُہائی ماری سب نے
'ہورے، رے، رے، کر کے لپکے!

تم بولیں، ''منّا مت آگے جانا
مَیں بولا، ''آگے دیکھو ناں۔''
بس گھوڑا دوڑا کے اُن کے بیچ میں پہنچا
ڈھال تلوار بجی جھنّا کے

کیا گھمسان کی جنگ ہوئی ماں !
سُن کے کانپ اُٹھو گی ماں تم
کتنے لوگ تو بھاگے ڈر کے
کتنے لوگوں کی مُنڈیاں کٹ گئیں !

اتنے لوگوں سے لڑتے لڑتے
سوچتی ہوگی ، مَر گیا منّا
بس تب ہی مَیں خون پسینے میں نہلا یا
واپس آ کر بولا ، ''ماں یُدھ ختم ہوا !''
باہر آ کر ، چوم کے مجھ کو ، گود میں لے کر بولیں
''شُکر ہے میرے ساتھ تھا منّا
نہ ہوتا تو ہائے کیا ہوتا !''

کتنا کچھ ہر روز ہوتا ہے ، آلتو فالتُو

ایسا کچھ کیوں ہوتا نہیں ماں ؟
جیسا کہانیوں میں ہوتا ہے
جو سُنتا حیران ہوتا وہ ___
دادا کہتے '' کیسے ہوا یہ ؟ منّا کیا اتنا تگڑا ہے ؟''
اور محلے والے سارے سُن کر کہتے ،
''شُکر ہے منّا ساتھ تھا ماں کے !''

THE HERO

Mother, let us imagine we are travelling, and passing through a strange and dangerous country.

You are riding in a palanquin and I am trotting by you on a red horse.

It is evening and the sun goes down. The waste of Joradighi lies wan and grey before us. The land is desolate and barren.

You are frightened and thinking – 'I know not where we have come to.'

I say to you, 'Mother, do not be afraid.'

The meadow is prickly with spiky grass, and through it runs a narrow broken path.

There are no cattle to be seen in the wide field; they have gone to their village stalls.

It grows dark and dim on the land and sky, and we cannot tell where we are going.

Suddenly you call me and ask me in a whisper, 'What light is that near the bank?'

Just then there bursts out a fearful yell, and figures come running towards us.

You sit crouched in your palanquin and repeat the names of the gods in prayer.

The bearers, shaking in terror, hide themselves in the thorny bush.

I shout to you, 'Don't be afraid, mother. I am here.'

With long sticks in their hands and hair all wild about their heads, they come nearer and nearer.

I shout, 'Have a care! you villains! One step more and you are dead men.'

They give another terrible yell and rush forward.

You clutch my hand and say, 'Dear boy, for heaven's sake, keep away from them.'

I say, 'Mother, just you watch me.'

Then I spur my horse for a wild gallop, and my sword and buckler clash against each other.

The fight becomes so fearful, mother, that it would give you a cold shudder could you see it from your palanquin.

Many of them fly, and a great number are cut to pieces.

I know you are thinking, sitting all by yourself, that your boy must be dead by this time.

But I come to you all stained with blood, and say, 'Mother, the fight is over now.'

You come out and kiss me, pressing me to your heart, and you say to yourself,

'I don't know what I should do if I hadn't my boy to escort me.'

A thousand useless things happen day after day, and why couldn't such a thing come true by chance?

It would be like a story in a book.

My brother would say, 'Is it possible? I always thought he was so delicate!'

Our village people would all say in amazement, 'Was it not lucky that the boy was with his mother?'

সমালোচক

বাবা নাকি বই লেখে সব নিজে।
কিছুই বোঝা যায় না লেখেন কী যে।
সেদিন পড়ে শোনাচ্ছিলেন তোরে,
বুঝেছিলি? – বল্ মা সত্যি ক'রে।
এমন লেখায় তবে
বল্ দেখি কী হবে।
তোর মুখে মা, যেমন কথা শুনি,
তেমন কেন লেখেন নাকো উনি।
ঠাকুরমা কি বাবাকে কক্‌খনো
রাজার কথা শোনায় নিকো কোনো?
সে-সব কথাগুলি
গেছেন বুঝি ভুলি?
স্নান করতে বেলা হল দেখে
তুমি কেবল যাও মা, ডেকে ডেকে –
খাবার নিয়ে তুমি বসেই থাকো,
সে কথা তাঁর মনেই থাকে নাকো।
করেন সারা বেলা
লেখা-লেখা খেলা।
বাবার ঘরে আমি খেলতে গেলে
তুমি আমায় বল, 'দুষ্টু ছেলে!'
বক আমায় গোল করলে পরে –
'দেখছিস নে লিখছে বাবা ঘরে!'
বল্ তো, সত্যি বল্
লিখে কী হয় ফল।
আমি যখন বাবার খাতা টেনে
লিখি বসে দোয়াত কলম এনে –
ক খ গ ঘ ঙ হ য ব র,

আমার বেলা কেন মা, রাগ কর?
বাবা যখন লেখে
কথা কও না দেখে।
বড়ো বড়ো রুল-কাটা কাগজ
নষ্ট বাবা করেন না কি রোজ।
আমি যদি নৌকো করতে চাই
অম্‌নি বল, নষ্ট করতে নাই।
সাদা কাগজ কালো
করলে বুঝি ভালো ?

لیکھک

بابا بیٹھے پُستک لکھتے رہتے ہیں، خود ہی
کیا لکھتے ہیں میرے تو کچھ پلّے نہیں پڑتا
اُس دن پڑھ کے سُنا رہے تھے تم کو___ ماں
ماں سچ کہنا، کیا کچھ سمجھیں تم؟
یہ سب لکھنے سے آخر کیا ملنا ہے؟

کتنی اچھّی اچھّی کہانیاں روز سُناتی ہو
ویسا کچھ کیوں لکھتے نہیں بابا؟
دادی ماں نے، بابا کو کیا،
راجا والی کوئی کہانی___
کبھی نہیں سُنائی؟
یا وہ ساری بھول گئے ہیں

اشنان میں دیری ہو جائے تو
کتنی بار بُلانے جاتی ہو!
کھانا پروس کے بیٹھی رہتی ہو تم
اُن کو وہ بھی یاد نہیں رہتا
سارا سمئے بس___

لکھنا لکھنا کھیلتے رہتے ہیں
مَیں بابا کے کمرے میں گر،
کھیلنے جاؤں تو ـــــــ
پاجی، پاجی کہہ کے مجھ کو ڈانٹتی ہو،
تھوڑا سا بھی شور کروں تو بولتی ہو،
''دیکھ نہیں سکتے کیا، بابا بیٹھے لکھتے ہیں!''
بولو تو، سچ بولو ماں
لکھنے سے کیا ہوگا؟!

مَیں بابا کے کاغذوں پر جب
قلم دوات سے، ک، کھ، گ، لکھتا ہوں تو
کیوں غصّہ کرتی ہو تم؟
بابا جب وہی لکھتے ہیں تو تم
کچھ نہیں کہتیں!

لائنوں والے کتنے کاغذ
بابا روز خراب کرتے ہیں
ناؤ بنانے کو مَیں ایک اُٹھا لوں تو
کہہ دیتی ہو ''کاغذ نشٹ نہیں کرتے''

سادہ کاغذ لکھ لکھ کر، کالے کرنے سے
کیا نشٹ نہیں ہوتے؟

AUTHORSHIP

You say that father writes a lot of books, but what he writes I don't understand.

He was reading to you all the evening, but could you really make out what he meant?

What nice stories, mother, you can tell us! Why can't father write like that, I wonder?

Did he never hear from his own mother stories of giants and fairies and princesses?

Has he forgotten them all?

Often when he gets late for his bath you have to go and call him a hundred times.

You wait and keep his dishes warm for him, but he goes on writing and forgets.

Father always plays at making books.

If ever I go to play in father's room, you come and call me, 'What a naughty child!'

If I make the slightest noise, you say, 'Don't you see that father's at his work?'

What's the fun of always writing and writing?

When I take up father's pen or pencil and write upon his book just as he does, – a, b, c, d, e, f, g, h, i, – why do you get cross with me, then, mother?

You never say a word, when father writes.

When my father wastes such heaps of paper, mother, you don't seem to mind at all.

But if I take only one sheet to make a boat with, you say, 'Child, how troublesome you are!'

What do you think of father's spoiling sheets and sheets of paper with black marks all over on both sides?

বিচিত্র সাধ

আমি যখন পাঠশালাতে যাই
আমাদের এই বাড়ির গলি দিয়ে,
দশটা বেলায় রোজ দেখতে পাই
ফেরিওলা যাচ্ছে ফেরি নিয়ে।
'চুড়ি চা–ই, চুড়ি চাই' সে হাঁকে,
চীনের পুতুল ঝুড়িতে তার থাকে,
যায় সে চলে যে পথে তার খুশি,
যখন খুশি খায় সে বাড়ি গিয়ে।
দশটা বাজে, সাড়ে দশটা বাজে,
নাইকো তাড়া হয় বা পাছে দেরি।
ইচ্ছে করে সেলেট ফেলে দিয়ে
অম্‌নি করে বেড়াই নিয়ে ফেরি।
আমি যখন হাতে মেখে কালি
ঘরে ফিরি, সাড়ে চারটে বাজে,
কোদাল নিয়ে মাটি কোপায় মালী
বাবুদের ওই ফুল-বাগানের মাঝে।
কেউ তো তারে মানা নাহি করে
কোদাল পাছে পড়ে পায়ের 'পরে।
গায়ে মাথায় লাগছে কত ধুলো,
কেউ তো এসে বকে না তার কাজে।
মা তারে তো পরায় না সাফ জামা,
ধুয়ে দিতে চায় না ধুলোবালি।
ইচ্ছে করে আমি হতেম যদি
বাবুদের ওই ফুল-বাগানের মালী।
একটু বেশি রাত না হতে হতে
মা আমারে ঘুম পাড়াতে চায়।
জানলা দিয়ে দেখি চেয়ে পথে
পাগড়ি প'রে পাহারাওলা যায়।

আঁধার গলি, লোক বেশি না চলে,
গ্যাসের আলো মিট্‌মিটিয়ে জ্বলে,
লণ্ঠনটি ঝুলিয়ে নিয়ে হাতে
    দাঁড়িয়ে থাকে বাড়ির দরজায়।
রাত হয়ে যায় দশটা এগারোটা
    কেউ তো কিছু বলে না তার লাগি।
ইচ্ছে করে পাহারাওলা হয়ে
    গলির ধারে আপন মনে জাগি।

ہزاروں خواہش ایسی...

مَیں سکول جاتا ہوں جب
ہمارے گھر کی گلی نکلتا ہوں
مَیں روز دیکھتا ہوں، دس بجے اُس کو
وہ پھیری والا، لئے اپنی پھیری جاتا ہے
''لو چوڑی __ چوڑیاں لو' __ ہانکتا ہے
کھلونے، چینی کی گُڑیا بھی ٹوکری میں رکھتا ہے!
نکل کے جاتا ہے جس راستے، خوشی اُس کی
خوشی سے کھاتا ہے، گھر جاکے، جب بھی جی چاہے
بجے ہوں دس ___ یا ساڑھے دس ہی بجیں
نہ اُس کو جلدی (ہے) __ نہ ہوتی ہے دیری!
مَیں بستہ پھینک دُوں، جی چاہتا ہے __ اور
اُسی طرح سے لگایا کروں پھیری،
''لو چوڑی __ چوڑیاں لو __ چوڑی!''

سیاہی میں رنگے اِن ہاتھوں سے جب
مَیں گھر پہ لوٹتا ہوں، ساڑھے چار بجتے ہیں
پڑوسی بابوؤں کی پھلواڑی میں
کُدال، کھُرپا، لئے مالی مٹّی سانتا ہے
اُسے تو کوئی منع بھی نہیں کرتا

کُدال بھی پڑی رہتی ہے، پاؤں کے پیچھے
بدن پہ، ماتھے پر، کتنی دُھول لگتی ہے
کوئی بھی آتا نہیں، ڈانٹتا نہیں، اُس کو
نہ صاف کپڑے بدلتی ہے اُس کے، ماں آ کر
نہ دُھول مٹّی ہی پونچھتا ہے کوئی
جی چاہتا ہے اگرچہ مَیں ہوتا....
پڑوسی بابوؤں کے باغ کا مالی!

ذراسی رات زیادہ ہوتے ہی
سُلانا چاہتی ہے ماں مجھ کو
مَیں کھڑکی سے پَرے جب گلی میں دیکھتا ہوں
پہن کے پگڑی جو پہرے دار جاتا ہے
گلی اندھیری ہے اور لوگ بھی زیادہ نہیں
بس ایک گیس کا کھمبا ہے، ٹمٹماتا ہے
وہ لالٹین جھلاتا ہے، ہاتھ میں لے کر
رُکا بھی رہتا ہے دروازے پر، گھر کے
کبھی تو رات کے دس بجتے ہیں، گیارہ بھی
کوئی بھی، کچھ بھی نہیں کہتا، اُس کو بھی!
جی چاہتا ہے مِرا، پہرے دار ہو کر
مَیں اپنی مرضی سے، گلیوں میں
جاگوں، گھوما کروں!!

VOCATION

When the gong sounds ten in the morning and I walk
to school by our lane.

Every day I meet the hawker crying, 'Bangles, crystal
bangles!'

There is nothing to hurry him on, there is no road he
must take, no place he must go to, no time when
he must come home.

I wish I were a hawker, spending my day in the road,
crying, 'Bangles, crystal bangles!'

When at four in the afternoon I come back from the
school

I can see through the gate of that house the gardener
digging the ground.

He does what he likes with his spade, he soils his
clothes with dust, nobody takes him to task if he
gets baked in the sun or gets wet.

I wish I were a gardener digging away at the garden
with nobody to stop me from digging.

Just as it gets dark in the evening and my mother
sends me to bed

I can see through my open window the watchman
walking up and down.

The lane is dark and lonely, and the street lamp
stands like a giant with one red eye in its head.

The watchman swings his lantern and walks with his
shadow at his side, and never once goes to bed in
his life.

I wish I were a watchman walking the streets all
night, chasing the shadows with my lantern.

বনবাস

বাবা যদি রামের মতো
  পাঠায় আমায় বনে
যেতে আমি পারি নে কি
  তুমি ভাবছ মনে ?
চোদ্দ বছর ক' দিনে হয়
  জানি নে মা ঠিক,
দণ্ডক বন আছে কোথায়
  ওই মাঠে কোন্ দিক।
কিন্তু আমি পারি যেতে,
  ভয় করি নে তাতে –
লক্ষ্মণভাই যদি আমার
  থাকত সাথে সাথে।
বনের মধ্যে গাছের ছায়ায়
  বেঁধে নিতেম ঘর –
সামনে দিয়ে বইত নদী,
  পড়ত বালির চর।
ছোটো একটি থাকত ডিঙি
  পারে যেতেম বেয়ে –
হরিণ চ'রে বেড়ায় সেথা,
  কাছে আসত ধেয়ে।
গাছের পাতা খাইয়ে দিতেম
  আমি নিজের হাতে –
লক্ষ্মণভাই যদি আমার
  থাকত সাথে সাথে।
কত যে গাছ ছেয়ে থাকত
  কত রকম ফুলে,
মালা গেঁথে পরে নিতেম
  জড়িয়ে মাথার চুলে।

নানা রঙের ফলগুলি সব
ভুঁয়ে পড়ত পেকে,
ঝুড়ি ভরে ভরে এনে
ঘরে দিতেম রেখে;
খিদে পেলে দুই ভায়েতে
খেতেম পদ্মপাতে –
লক্ষ্মণভাই যদি আমার
থাকত সাথে সাথে।
রোদের বেলায় অশথ-তলায়
ঘাসের 'পরে আসি
রাখাল-ছেলের মতো কেবল
বাজাই বসে বাঁশি।
ডালের 'পরে ময়ূর থাকে,
পেখম পড়ে ঝুলে –
কাঠবিড়ালি ছুটে বেড়ায়
ন্যাজটি পিঠে তুলে।
কখন আমি ঘুমিয়ে যেতেম
দুপুরবেলার তাতে –
লক্ষ্মণ ভাই যদি আমার
থাকত সাথে সাথে।
সন্ধেবেলায় কুড়িয়ে আনি
শুকোনো ডালপালা,
বনের ধারে বসে থাকি
আগুন হলে জ্বালা।
পাখিরা সব বাসায় ফেরে,
দূরে শেয়াল ডাকে,
সন্ধেতারা দেখা যে যায়
ডালের ফাঁকে ফাঁকে।
মায়ের কথা মনে করি
বসে আঁধার রাতে –
লক্ষ্মণভাই যদি আমার

থাকত সাথে সাথে।
ঠাকুরদাদার মতো বনে
আছেন ঋষি মুনি,
তাঁদের পায়ে প্রণাম করে
গল্প অনেক শুনি।
রাক্ষসেরে ভয় করি নে,
আছে গুহক মিতা –
রাবণ আমার কী করবে মা,
নেই তো আমার সীতা।
হনুমানকে যত্ন করে
খাওয়াই দুধে-ভাতে –
লক্ষ্মণভাই যদি আমার
থাকত সাথে সাথে।
মা গো, আমায় দে-না কেন
একটি ছোটো ভাই –
দুইজনেতে মিলে আমরা
বনে চলে যাই।
আমাকে মা, শিখিয়ে দিবি
রাম-যাত্রার গান,
মাথায় বেঁধে দিবি চুড়ো,
হাতে ধনুক-বাণ।
চিত্রকূটের পাহাড়ে যাই
এম্‌নি বরষাতে –
লক্ষ্মণভাই যদি আমার
থাকত সাথে সাথে।

بن باس

بابا مجھ کو، رام کے جیسے
جنگل میں بھجوائیں تو
مَیں جنگل جا نہیں سکتا
ایسا کیا تم سوچتی ہو؟
چودہ برس میں کتنے دن ہیں
ٹھیک سے تو معلوم نہیں
'دنڈک' جنگل کہاں پہ ہے؟
اُس میدان کے پار کِدھر؟
لیکن مَیں بھی جا سکتا ہوں
کوئی خوف نہیں مجھ کو
لچھمن بھائی، لیکن میرے
ساتھ ساتھ، رہے گا تو!
جنگل میں پیڑوں کی چھاؤں دیکھ کے گھر بنواتا
سامنے ایک ندی ہوتی، اور روز ٹہلنے جاتا
چھوٹی سی اک ڈونگی لے کر ___ تیر کے پار اُترتا
ہرن وِرن جو گھومتے دیکھتے، میرے پاس آتے
پیڑوں کے پتے وتّے ___ مَیں ہاتھوں سے کِھلواتا تو ___
لچھمن بھائی، لیکن میرے ___ ساتھ ساتھ، رہے گا تو!
طرح طرح کے پھولوں سے
بھرے بھرے پیڑوں میں رہتا

مالائیں گُندھوا کے پہنتا
روز میں اپنے بالوں میں
جھولتا رہتا جُھولوں میں
قِسم قِسم کے پھل، پک پک کے
گرتے آ کے زمیں پر جب
ٹوکری بھر کے لے آتا،
گھر میں لا کے رکھتا سب
کنول کے پتّوں پر رکھ کے
بھوک لگے تو کھاتے وہ
لچھمن بھائی، لیکن میرے ___ ساتھ ساتھ، رہے گا تو!
دھوپ چڑھے برگد کے نیچے
گھاس پہ لیٹا رہتا
اور گوالے کے چھورے سا
دن بھر بنسی بجاتا
ڈال پہ بیٹھا بیٹھا مور
اپنے پنکھ جھلاتا
اور گلہری دُم کو پیٹھ پہ
لے کر دوڑتی رہتی ہے
جانے کب مَیں سو بھی جاتا
دوپہر جب سر پہ ہو
لچھمن بھائی، لیکن میرے ___ ساتھ ساتھ، رہے گا تو!

شام کے وقت جمع کرتا مَیں ـــــ سُوکھی شاخیں پتّے
جنگل ہی کے ایک کنارے ـــــ آگ جلا کر بیٹھتا مَیں

پنچھی گھونسلوں میں لوٹ آتے
گیدڑ رینگتا دُور کہیں
شام کا تارا شاخوں، پتّوں
میں سے جھلمل کرتا
ماں ایسے میں یاد آتی
اندھیرا جب گہرا ہو
لچھمن بھائی، لیکن میرے
ساتھ ساتھ، رہے گا تو!
ٹھاکر دادا جیسے کتنے

رشی مُنی مل جاتے

پرنام کِیا، چرنوں میں بیٹھے

اور کتنی کہانیاں سُنتے

راکھشس سے مَیں ڈرتا نہیں

جنگل میں جو ملے کہیں
راوَن میرا کیا کر لیتا؟
میری سیتا ہے ہی نہیں
ہنومان کو چاؤ سے کہتا
دودھ اور چاول کھا لو
ماں گو، مجھ کو چھوٹا سا
اک بھائی جو تُو دے دے

دونوں جنے ہم مل کر، پھر تو

جنگل کو چل دیں گے!
ماں مجھ کو تم...

رام لیلا کے گیت سِکھا دو

68

سر پہ ٹوپا لگا دو
'تیر کمان' تھما دو ہاتھ میں
''چِترکوٹ'' چلا جاؤں گا
بارش ہوتی ہے تو ہو!!

THE EXILE TO THE FOREST

If father sends me to the forest like Rama.

Do you think I can't go?

I don't know exactly how long fourteen years is,

Nor am I sure where exactly the Dandaka forest is,
which side of that field.

But I could jolly well go without a fear,

Only if brother Lakshman were there with me.

We would set up our cottage in the shade of a tree in
the forest,

With the river flowing in front, with the sandbank in it.

We would have a small country boat to sail across.

The deer, grazing there, would come running to us

And I would feed him tree leaves with my own hands

Only if brother Lakshman were there with me.

There would be so many trees blooming with so
many kinds of flowers,

I would have made garlands with them to wear
on our heads.

Fruits of so many hues would fall ripe on the ground

And we would collect them in baskets and keep them at home.

When hungry, we the two brothers would place the fruits on lotus leaves and eat,

Only if brother Lakshman were there with me.

In the sunny days, we would sit on the grass under the peepal tree

And play flutes like the shepherd boys.

The peacock would play on the branches, with the plumes hanging down.

The squirrel would run around, with the tail drawn on its back.

I would have dozed off in the warmth of the sun,

Only if brother Lakshman were there with me.

We would collect twigs in the evening

And, lighting a fire, sit around it by the forest.

The birds would fly back to their nests and the jackals would call afar,

(Venus) The evening star would be seen through the branches.

Sitting in the dark night, I would think of mother,

Only if brother Lakshman were there with me.

There are sages and hermits in the forest, like grandfathers,

We would salute them and listen to so many stories from them.

I am not afraid of the demons since there is Guhak the friend.

And what would Ravana do to me, mother, I don't have Sita with me!

I would, with a lot of care, feed Hanuman rice and milk,

Only if brother Lakshman were there with me.

Mother, my dear, why don't you give me a little brother please.

So that we can go to the forest together.

You can teach me the songs of the Ramayana,

Tie the crown on my head and give me the bows and arrow to carry in hand.

I would go to the Chitrakoot hills in a rainy season like this.

Only if brother Lakshman were there with me.

বৃষ্টি পড়ে টাপুর টুপুর

দিনের আলো নিবে এল,
সুয্যি ডোবে-ডোবে।
আকাশ ঘিরে মেঘ জুটেছে
চাঁদের লোভে লোভে।
মেঘের উপর মেঘ করেছে –
রঙের উপর রঙ,
মন্দিরেতে কাঁসর ঘন্টা
বাজল ঠঙ ঠঙ।
ও পারেতে বিষ্টি এল,
ঝাপসা গাছপালা।
এ পারেতে মেঘের মাথায়
একশো মানিক জ্বালা।
বাদলা হাওয়ায় মনে পড়ে
ছেলেবেলার গান –
'বিষ্টি পড়ে টাপুর টুপুর,
নদেয় এল বান।'
আকাশ জুড়ে মেঘের খেলা,
কোথায় বা সীমানা !
দেশে দেশে খেলে বেড়ায়,
কেউ করে না মানা।
কত নতুন ফুলের বনে
বিষ্টি দিয়ে যায়,
পলে পলে নতুন খেলা
কোথায় ভেবে পায়।
মেঘের খেলা দেখে কত
খেলা পড়ে মনে,
কত দিনের নুকোচুরি
কত ঘরের কোণে।

তারি সঙ্গে মনে পড়ে
ছেলেবেলার গান –
'বিষ্টি পড়ে টাপুর টুপুর,
নদেয় এল বান।'
মনে পড়ে ঘরটি আলো
মায়ের হাসিমুখ,
মনে পড়ে মেঘের ডাকে
গুরুগুরু বুক।
বিছানাটির একটি পাশে
ঘুমিয়ে আছে খোকা,
মায়ের 'পরে দৌরাত্মি সে
না যায় লেখাজোখা।
ঘরেতে দুরন্ত ছেলে
করে দাপাদাপি,
বাইরেতে মেঘ ডেকে ওঠে –
সৃষ্টি ওঠে কাঁপি।
মনে পড়ে মায়ের মুখে
শুনেছিলেম গান –
'বিষ্টি পড়ে টাপুর টুপুর,
নদেয় এল বান।
মনে পড়ে সুয়োরানী
দুয়োরানীর কথা,
মনে পড়ে অভিমানী
কঙ্কাবতীর ব্যথা।
মনে পড়ে ঘরের কোণে
মিটিমিটি আলো,
একটা দিকের দেয়ালেতে
ছায়া কালো কালো।
বাইরে কেবল জলের শব্দ
ঝুপ্ ঝুপ্ ঝুপ্ –
দস্যি ছেলে গল্প শোনে

একেবারে চুপ।
তারি সঙ্গে মনে পড়ে
মেঘলা দিনের গান –
‘বিষ্টি পড়ে টাপুর টুপুর,
নদেয় এল বান।’
কবে বিষ্টি পড়েছিল,
বান এল সে কোথা।
শিবঠাকুরের বিয়ে হল,
কবেকার সে কথা।
সেদিনও কি এম্‌নিতরো
মেঘের ঘটাখানা।
থেকে থেকে বাজ বিজুলি
দিচ্ছিল কি হানা।
তিন কন্যে বিয়ে ক’রে
কী হল তার শেষে।
না জানি কোন্ নদীর ধারে,
না জানি কোন্ দেশে,
কোন্ ছেলেরে ঘুম পাড়াতে
কে গাহিল গান –
‘বিষ্টি পড়ে টাপুর টুপুর,
নদেয় এল বান।’

بارش برسے ٹاپرٹو پر

دن کی روشنی بجھنے لگی ہے ___ سُورج ڈوب چلا ہے
بادل پھیل گیا، آکاش میں ___ چاندکو ڈھونڈ رہا ہے

بدلی پر بدلی چڑھ آئی ___ رنگ پہ رنگ چڑھتا ہے
مندر میں کانسی کا گھنٹہ ___ ڈِنگ ڈونگ بجتا ہے

اُس پار گھٹا گھر گھر کے آئی ___ پیڑ و یڑ دُھندلائے
اِس پار گھٹا کے ماتھے پر ___ لاکھوں موتی لہرائے

بادل اور ہوا جو پھر سے ___ بچپن یاد دِلائے
بارش برسے ٹاپرٹو پر ___ پانی چڑھتا جائے!

آکاش میں کھیل چلا بادل کا ___ حد بھی کہیں نہیں ہے
دیش بدیش میں کھیل کھلائے ___ روکے، کوئی نہیں ہے
برکھا کے کھیل سے یاد آتے ہیں ___ کتنے کھیل کھلونے
وہی پُرانی آنکھ مچولی ___ وہ ہی کوٹھری، کونے

رِم جھم برسے، پل پل پھر سے ___ بچپن یاد دِلائے
بارش برسے ٹاپرٹو پر
پانی چڑھتا جائے!

گھر کا اُجالا یاد آتا ہے
ماں کا ہنستا چہرہ
سینے میں کُڑ کُڑ کرتا ہے
گرجے میگھ گھنیرا

ماں کے منہ سے لوری سُننا
بچپن یاد دِلائے
بارش برسے ٹاپر ٹوپر
پانی چڑھتا جائے!

گھر کے اک کونے میں دیپک ___ ٹمٹماتا ہے
اک دیوار پہ کالا کالا ___ سایا بیٹھا ہے

باہر بس پانی کا شور
جھپ جھپ، جھپ جھپ جھاپ
لیٹے لیٹے ایک کہانی
سنتے تھے چپ چاپ
بارش کا موسم جب آئے
بچپن یاد دِلائے
بارش برسے ٹاپر ٹوپر
پانی چڑھتا جائے!

IT'S RAINING PITTER-PATTER

Daylight is fading out,

The sun is setting.

Clouds have gathered in the sky

Hoping to have a rendezvous with the moon.

The bell at the temple is struck

Resonating far and wide.

It's raining on the other side,

The tree line looks hazy,

A hundred gems sparkle

On the clouds this side.

The rainy wind brings to the mind

The song of the childhood days:

'It's raining pitter-patter,

The river has swollen up.'

Clouds are playing all around in the sky,

Not knowing any borders.

Moving from one country to another

With none asking them not to.

They send the rains

To so many gardens blooming with fresh flowers,

I wonder where they find

So many new games continuously.

As I see the clouds play

I remember so many games,

(Like) playing hide-and-seek

in the corners of the rooms.

And I remember the song of the childhood days:

'It's raining pitter-patter,

The river has swollen up.'

I think of the bright room

And the smiling face of mother,

I remember how the rolling sound of the clouds

Made one afraid (with unknown fears).

The little boy is asleep

At one side of bed.

There is no end to

The pranks he can play with mother.
Inside, the naughty boy
Raises hell and
Out there, the clouds roar,
making the earth tremble.
I remember the song
I heard from mother:
'It's raining pitter-patter,
The river has swollen up.'

I think of the good queen
And the bad queen,
I think of the sufferings of
Kankabati, the melancholy girl.
I remember the dim light
At the corner of the room
And the dark shadows
On one of the walls.
Out there, one hears only
The sound of the rains:
'It's raining pitter-patter,
The river has swollen up.'

বিদায়

তবে আমি যাই গো তবে যাই
ভোরের বেলা শূন্য কোলে
ডাকবি যখন খোকা বলে,
বলব আমি, 'নাই সে খোকা নাই।'
মা গো, যাই।
হাওয়ার সঙ্গে হাওয়া হয়ে
যাব মা, তোর বুকে বয়ে,
ধরতে আমায় পারবি নে তো হাতে।
জলের মধ্যে হব মা, ঢেউ,
জানতে আমায় পারবে না কেউ –
স্নানের বেলা খেলব তোমার সাথে।
বাদলা যখন পড়বে ঝরে
রাতে শুয়ে ভাববি মোরে,
ঝর্‌ঝরানি গান গাব ওই বনে।
জানলা দিয়ে মেঘের থেকে
চমক মেরে যাব দেখে,
আমার হাসি পড়বে কি তোর মনে।
খোকার লাগি তুমি মা গো,
অনেক রাতে যদি জাগ
তারা হয়ে বলব তোমায়, 'ঘুমো !'
তুই ঘুমিয়ে পড়লে পরে
জ্যোৎস্না হয়ে ঢুকব ঘরে,
চোখে তোমার খেয়ে যাব চুমো।
স্বপন হয়ে আঁখির ফাঁকে
দেখতে আমি আসব মাকে,
যাব তোমার ঘুমের মধ্যিখানে।
জেগে তুমি মিথ্যে আশে
হাত বুলিয়ে দেখবে পাশে –

মিলিয়ে যাব কোথায় কে তা জানে।
    পুজোর সময় যত ছেলে
    আঙিনায় বেড়াবে খেলে,
বলবে 'খোকা নেই রে ঘরের মাঝে।'
    আমি তখন বাঁশির সুরে
    আকাশ বেয়ে ঘুরে ঘুরে
তোমার সাথে ফিরব সকল কাজে।
    পুজোর কাপড় হাতে ক'রে
    মাসি যদি শুধায় তোরে,
'খোকা তোমার কোথায় গেল চলে।'
    বলিস 'খোকা সে কি হারায়,
    আছে আমার চোখের তারায়,
মিলিয়ে আছে আমার বুকে কোলে।'

وِداعی

تو چلوں، ماں گو، تو چلوں مَیں ___
سُونی گودی لئے صبح سویرے
جب بُلاوگی مجھے ___ ''مُنّا''
مَیں کہوں گا، '' وہ نہیں ہے ___ تیرا مُنّا نہیں ہے!''
تو چلوں، ماں ___ مَیں چلوں ___

مَیں ہوا بن کے ہوا میں ___ تیری سانسوں میں بہوں گا ___
تُو پکڑ بھی نہ سکے گی مجھ کو ___ پانی میں لہر بنوں گا
تو نہائے گی ندی پر تو مَیں کھیلوں گا وہیں
اور کوئی جان بھی پائے گا نہیں ماں، ماں گو ___!

جب برسنے لگیں گے بادل، ___ رات کو سوتے ہوئے یاد کرے گی
جھر جھر گاؤں گا مَیں جنگلوں میں
تیری کھڑکی پہ، گھٹا سے، ___ مَیں چمک مار کے جاؤں گا اچانک
ہنسی تب میری سُنائی دے گی

مُنّے کی یاد میں ماں ___ تُو بہت دیر اگر جاگی رہی
تارا بن کے مَیں کہوں گا، ''سوجا!''
آنکھ لگتے ہی تری ___

چاندنی بن کے چلا آؤں گا گھر میں
چُوم کے جاؤں گا آنکھیں تیری
خواب ہی بن کے مَیں پلکوں کے تلے
دیکھنے آؤں گا تجھ کو ماں گو
ایسے گھُل جاؤں گا، مَیں نیند میں تیری
جاگ کے ہاتھ پھراؤ گی،
مجھے ڈھونڈو گی پہلو میں، مگر،
مَیں کہاں گُم ہوا، کیا جانے گا، کوئی!

اور پوجا کے دنوں میں،
گھر میں جب کھیلیں گے بچّے___ تو کہو گی
''او رے مُنّا نہیں ہے گھر میں!''
مَیں وہیں بانسری کے سُر میں چھپا
گھر کے کاموں میں ترے ساتھ رہوں گا

پوجا کا جوڑا لئے
موسی جب آئے گی گھر میں
پوچھے گی___ ''منّا تیرا دکھا نہیں رے، وہ کہاں ہے؟''

اُس سے کہنا: ''وہ کہیں کھویا نہیں ہے،
وہ مری آنکھوں کی پُتلی میں رکھا ہے
میری سانسوں میں بسا ہے!!''

THE END

It is time for me to go, mother; I am going.

When in the paling darkness of the lonely dawn you stretch out your arms for your baby in the bed, I shall say, 'Baby is not there!' – mother, I am going.

I shall become a delicate draught of air and caress you; and I shall be ripples in the water when you bathe, and kiss you and kiss you again.

In the gusty night when the rain patters on the leaves you will hear my whisper in your bed, and my laughter will flash with the lightning through the open window into your room.

If you lie awake, thinking of your baby till late into the night, I shall sing to you from the stars, 'Sleep mother, sleep.'

On the straying moonbeams I shall steal over your bed, and lie upon your bosom while you sleep.

I shall become a dream, and through the little opening of your eyelids I shall slip into the depths of your sleep; and when you wake up and look round startled, like a twinkling firefly I shall flit out into the darkness.

When, on the great festival of puja, the neighbours' children come and play about the house, I shall melt into the music of the flute and throb in your heart all day.

Dear auntie will come with puja-presents and will ask, 'Where is our baby, sister?' Mother, you will tell her softly, 'He is in the pupils of my eyes, he is in my body and in my soul.'

লুকোচুরি

আমি যদি দুষ্টুমি ক'রে
　　চাঁপার গাছে চাঁপা হয়ে ফুটি,
ভোরের বেলা মা গো, ডালের 'পরে
　　কচি পাতায় করি লুটোপুটি,
তবে তুমি আমার কাছে হারো,
তখন কি মা চিনতে আমায় পারো।
　　তুমি ডাক, 'খোকা কোথায় ওরে।'
　　আমি শুধু হাসি চুপটি করে।
যখন তুমি থাকবে যে কাজ নিয়ে
　　সবই আমি দেখব নয়ন মেলে।
স্নানটি করে চাঁপার তলা দিয়ে
　　আসবে তুমি পিঠেতে চুল ফেলে;
এখান দিয়ে পুজোর ঘরে যাবে,
দূরের থেকে ফুলের গন্ধ পাবে –
　　তখন তুমি বুঝতে পারবে না সে
　　তোমার খোকার গায়ের গন্ধ আসে।
দুপুর বেলা মহাভারত-হাতে
　　বসবে তুমি সবার খাওয়া হলে,
গাছের ছায়া ঘরের জানালাতে
　　পড়বে এসে তোমার পিঠে কোলে,
আমি আমার ছোট্ট ছায়াখানি
দোলাব তোর বইয়ের 'পরে আনি –
　　তখন তুমি বুঝতে পারবে না সে
　　তোমার চোখে খোকার ছায়া ভাসে।
সন্ধেবেলায় প্রদীপখানি জ্বেলে

যখন তুমি যাবে গোয়ালঘরে
তখন আমি ফুলের খেলা খেলে
টুপ্ করে মা, পড়ব ভুঁয়ে ঝরে।
আবার আমি তোমার খোকা হব,
'গল্প বলো' তোমায় গিয়ে কব।
তুমি বলবে, 'দুষ্টু, ছিলি কোথা।'
আমি বলব, 'বলব না সে কথা।'

آنکھ مچولی

مَیں شرارت جو کروں ماں
چمپا کے پیڑ پہ چمپا میں کِھلوں
بھور کے وقت کبھی شاخ کے اوپر،
تازہ پتّوں پہ اگر لُڑھکا کروں
تم مرے پاس بھی آ کر
مجھ کو پہچانو گی کیسے؟
تم پُکارو گی ''کہاں ہو منّا؟''
مَیں وہیں چپکے سے ہنستا رہوں

گھر کے کاموں میں لگی رہتی ہو جب
مَیں تمہیں دیکھا کروں چار پھیرے
چمپا کے نیچے سے نکلو گی نہا کر تم
پیٹھ پر بھیگے ہوئے بال بکھیرے
پوجا گھر پہنچو گی پوجا کے لئے
دُور سے آئے گی تب چمپا کی خوشبو
پھر بھی پہچان نہیں پاؤ گی تم
یہ تو منّے کے بدن کی ہی خوشبو ہے

دوپہر سب کو کھلا کر ماں
کمرے میں بیٹھی مہابھارت پڑھے گی

کھڑکی سے پیٹھ پہ جب
پیڑ کی پرچھائیں پڑے گی
اپنی پرچھائیں لئے مَیں بھی
پوتھی کے پنّے پہ ڈولا کروں گا
پھر بھی پہچان نہیں پاؤ گی تم
آنکھ میں سایہ بنا بہتا رہوں گا

جیسے ہی شام کا پھر دیپ جلے گا
ہوگی تم گائے کے پاس کہیں پر
پھر سے بن جاؤں گا مُنّا مَیں تمہارا
ٹپ سے مَیں شاخ سے ٹپکوں گا زمیں پر

''اے پاجی کہاں تھا تُو۔''
جب پوچھو گی تم
مَیں بتاؤں گا نہیں
''کیسے بُوجھو گی تم؟''

THE CHAMPA FLOWER

Supposing I became a champa flower, just for fun, and grew on a branch high up that tree, and shook in the wind with laughter and danced upon the newly budded leaves, would you know me, mother?

You would call, 'Baby, where are you?' and I should laugh to myself and keep quite quiet.

I should slyly open my petals and watch you at your work.

When after your bath, with wet hair spread on your shoulders, you walked through the shadow of the champa tree to the little court where you say your prayers, you would notice the scent of the flower, but not know that it came from me.

When after the midday meal you sat at the window reading the Ramayana, and the tree's shadow fell over your hair and your lap, I should fling my wee little shadow on to the page of your book, just where you were reading.

But would you guess that it was the tiny shadow of your little child?

When in the evening you went to the cowshed with the lighted lamp in your hand, I should suddenly drop on to the earth again and be your own baby once more, and beg you to tell me a story.

'Where have you been, you naughty child?'

'I won't tell you, mother,' That's what you and I would say then.

রাজার বাড়ি

আমার রাজার বাড়ি কোথায় কেউ জানে না সে তো;
সে বাড়ি কি থাকত যদি লোকে জানতে পেত।
রুপো দিয়ে দেয়াল গাঁথা, সোনা দিয়ে ছাত,
থাকে থাকে সিঁড়ি ওঠে সাদা হাতির দাঁত।
সাত মহলা কোঠায় সেথা থাকেন সুয়োরানী,
সাত রাজার ধন মানিক-গাঁথা গলার মালাখানি।
আমার রাজার বাড়ি কোথায় শোন্ মা, কানে কানে –
ছাদের পাশে তুলসি গাছের টব আছে সেইখানে।
রাজকন্যা ঘুমোয় কোথা সাত সাগরের পারে,
আমি ছাড়া আর কেহ তো পায় না খুঁজে তারে।
দু হাতে তার কাঁকন দুটি, দুই কানে দুই দুল,
খাটের থেকে মাটির ’পরে লুটিয়ে পড়ে চুল।
ঘুম ভেঙে তার যাবে যখন সোনার কাঠি ছুঁয়ে
হাসিতে তার মানিকগুলি পড়বে ঝ’রে ভুঁয়ে।
রাজকন্যা ঘুমোয় কোথা শোন্ মা, কানে কানে –
ছাদের পাশে তুলসি গাছের টব আছে যেইখানে।
তোমরা যখন ঘাটে চল স্নানের বেলা হলে
আমি তখন চুপি চুপি যাই সে ছাদে চলে।
পাঁচিল বেয়ে ছায়াখানি পড়ে মা, যেই কোণে
সেইখানেতে পা ছড়িয়ে বসি আপন মনে।
সঙ্গে শুধু নিয়ে আসি মিনি বেড়ালটাকে,
সেও জানে নাপিত ভায়া কোন্‌খানেতে থাকে।
জানিস নাপিতপাড়া কোথায়? শোন্ মা কানে কানে –
ছাদের পাশে তুলসি গাছের টব আছে যেইখানে।

راجا کا گھر

کوئی نہیں یہ جانتا، میرے راجا کا گھر، ہے تو کہاں
جان ہی جاتے لوگ اگر تو، گھر کیا وہ رہتا وہاں

چاندی کی دیواریں، چھت سونے کی بنی ہوئی ___ قدم قدم پر ہاتھی دانت کی سیڑھی لگی ہوئی
ساتویں منزل کے کوٹھے پر، رانی رہتی ہیں ___ سات پشتوں کے موتیوں کی مالائیں پہنتی ہیں
راجا کا گھر کہاں ہے، کان میں آؤ بتلاؤں ماں
چھت پہ جہاں پر تُلسی کے پودے کے ٹب ہے ناں!

راجکماری سات سمندر پار کہیں سوئے ___ میرے سوا تو اُس کو کوئی کھوج نہیں پائے
دو ہاتھوں میں کنگن، اور کانوں میں دو دو بالے ___ نیند سے اُٹھتی ہے جب کوئی جادو چھڑی چھوا دے
اُس کے لمبے بال — سے فرش پہ پڑتے ہیں ___ ہنستی ہے تو اُس کی ہنسی سے موتی جھڑتے ہیں
راجکماری سوئے کہاں، دو، کان، بتاؤں ماں ___ چھت پہ جہاں پر تُلسی کے پودے کا ٹب ہے ناں

شنان سمئے جب گھاٹ پہ تم جاتی ہو نہانے کو ___ چپکے چپکے جا کر مَیں چھت پر ہو آتا ہوں
تھوڑی دیر مُنڈیر کی چھاؤں والے کونے میں
بس! پاؤں پھیلا کر من ہی من کھو جاتا ہوں ___ صرف منّی بلّی کو اپنے ساتھ میں رکھتا ہوں
اُس کو ہی معلوم ہے ناؤ بھیّا کا گھر ہے کہاں
نائی محلّہ کہاں ہے، کان میں آؤ بتلاؤں ماں
چھت پہ جہاں پر تُلسی کے پودے کا ٹب ہے ناں!

FAIRYLAND

If people came to know where my king's palace is, it would vanish into the air.

The walls are of white silver and the roof of shining gold.

The queen lives in a palace with seven courtyards, and she wears a jewel that cost all the wealth of seven kingdoms.

But let me tell you, mother, in a whisper, where my king's palace is.

It is at the corner of our terrace where the pot of the tulsi plant stands.

The princess lies sleeping on the faraway shore of the seven impassable seas.

There is none in the world who can find her but myself.

She has bracelets on her arms and pearl drops in her ears; her hair sweeps down upon the floor.

She will wake when I touch her with my magic wand, and jewels will fall from her lips when she smiles.

But let me whisper in your ear, mother; she is there in the corner of our terrace where the pot of the tulsi plant stands.

When it is time for you to go to the river for your bath, step up to that terrace on the roof.

I sit in the corner where the shadows of the walls meet together.

Only the pussycat is allowed to come with me, for she knows where the barber in the story lives.

ব্যাকুল

অমন করে আছিস কেন মা গো,
খোকারে তোর কোলে নিবি না গো ?
পা ছড়িয়ে ঘরের কোণে
কী যে ভাবিস আপন মনে,
এখনো তোর হয় নি তো চুল বাঁধা।
বৃষ্টিতে যায় মাথা ভিজে,
জানলা খুলে দেখিস কী যে –
কাপড়ে যে লাগবে ধুলোকাদা।
ওই তো গেল চারটে বেজে,
ছুটি হল ইস্কুলে যে –
দাদা আসবে মনে নেইকো সিটি।
বেলা অম্‌নি গেল বয়ে,
কেন আছিস অমন হয়ে –
আজকে বুঝি পাস নি বাবার চিঠি।
পেয়াদাটা ঝুলির থেকে
সবার চিঠি গেল রেখে –
বাবার চিঠি রোজ কেন সে দেয় না ?
পড়বে ব'লে আপনি রাখে,
যায় সে চলে ঝুলি-কাঁখে,
পেয়াদাটা ভারি দুষ্টু স্যায়না।
মা গো মা, তুই আমার কথা শোন্‌,
ভাবিস নে মা, অমন সারা ক্ষণ।
কালকে যখন হাটের বারে
বাজার করতে যাবে পারে
কাগজ কলম আনতে বলিস ঝিকে।
দেখো ভুল করব না কোনো –
ক খ থেকে মূর্ধন্য ণ
বাবার চিঠি আমিই দেব লিখে।

কেন মা, তুই হাসিস কেন।
বাবার মতো আমি যেন
অমন ভালো লিখতে পারি নেকো,
লাইন কেটে মোটা মোটা
বড়ো বড়ো গোটা গোটা
লিখব যখন তখন তুমি দেখো।
চিঠি লেখা হলে পরে
বাবার মতো বুদ্ধি ক'রে
ভাবছ দেব ঝুলির মধ্যে ফেলে ?
কক্‌খনো না, আপনি নিয়ে
যাব তোমায় পড়িয়ে দিয়ে,
ভালো চিঠি দেয় না ওরা পেলে।

ڈاکیہ

ایسے کیوں بیٹھی ہو ماں تم ___ مُنّے کو گود نہ لو گی؟
پاؤں پسار کے اک کونے میں
کیسی سوچ میں بیٹھی ہو تم؟
بال بھی اب تک گوندھے نہیں ہیں
کھڑکی کھلی ہوئی ہے، دیکھو
بھیگ رہی ہو بارش میں
کپڑے دُھول میں میلے ہوں گے

دیکھا ناں، ___ لو چار بجے ہیں
سکول سے چھُٹی ہوئی کہ دادا آ پہنچیں گے
کتنا وقت نکل گیا ہے ___ ایسے ہی بیٹھی ہو تم
آج بھلا بابا کی چٹّھی آئی نہیں کیا؟

'ڈاکیا جھولے سے سب کی چٹّھیاں بانٹ گیا
بابا کی چٹّھی روزانہ، کیوں دے جائے نہ!

خود پڑھے گا، اِسی لئے وہ، جھولے میں
کمر پہ رکھ کر لے جاتا ہے ہے ناں؟
'ڈاکیا' یہ بدمعاش ہے ماں!

ماں گو ماں، سُن بات مِری
سارا دن مت سوچتی رہنا
کل بازار میں جائے گی جب
'بُھی' سے کہنا...
کاغذ قلم لے آئے گی سب
کوئی بھی غلطی نہیں کروں گا
ک، کھ، گ، سے مُردھن 'نا' تک
بابا کی پوری چٹّھی مَیں لکھ دُوں گا!

ہنستی کیوں ہو ماں، بولو تو
بابا جیسی چٹّھی کیا،
مَیں لکھ نہیں سکتا؟
موٹی موٹی لائنیں کھینچ کے
بڑے بڑے حرفوں میں جب مَیں
لکّھوں گا تب پتہ گا

چٹّھی لکھ کر، سوچتی ہو.... کیا....
بابا کی طرح مَیں جھولے میں ڈال آؤں گا؟

ہرگز بھی نہیں، مَیں خود ہی
جا کر تم کو، پڑھ کے پُوری چٹّھی سُناؤں گا
اچھی چٹّھی ہاتھ آئے تو، دیتے نہیں یہ، ڈاکیے!!

THE WICKED POSTMAN

Why do you sit there on the floor so quiet and silent,
tell me, mother dear?

The rain is coming in through the open window,
making you all wet, and you don't mind it.

Do you hear the gong striking four? It is time for my
brother to come home from school.

What has happened to you that you look so strange?

Haven't you got a letter from father today?

I saw the postman bringing letters in his bag for
almost everybody in the town.

Only father's letters he keeps to read himself, I am
sure the postman is a wicked man.

But don't be unhappy about that, mother dear.

Tomorrow is market day in the next village. You ask
your maid to buy some pens and papers.

I myself will write all father's letters; you will not find
a single mistake.

I shall write from A right up to K.

But, mother, why do you smile?

You don't believe that I can write as nicely as
father does!

But I shall rule my paper carefully, and write all the letters beautifully big.

When I finish my writing, do you think I shall be so foolish as father and drop it into the horrid postman's bag?

I shall bring it to you myself without waiting, and letter by letter help you to read my writing.

I know the postman does not like to give you the really fine letters.

খোকা

খোকার চোখে যে ঘুম আসে
সকল-তাপ-নাশা –
জান কি কেউ কোথা হতে যে
করে সে যাওয়া-আসা।
শুনেছি রূপকথার গাঁয়ে
জোনাকি-জ্বলা বনের ছায়ে
দুলিছে দুটি পারুল-কুঁড়ি,
তাহারি মাঝে বাসা –
সেখান থেকে খোকার চোখে
করে সে যাওয়া-আসা।
খোকার ঠোঁটে যে হাসিখানি
চমকে ঘুমঘোরে –
কোন্ দেশে যে জনম তার
কে কবে তাহা মোরে।
শুনেছি কোন্ শরৎ-মেঘে
শিশু-শশীর কিরণ লেগে
সে হাসিরুচি জনমি ছিল
শিশিরশুচি ভোরে –
খোকার ঠোঁটে যে হাসিখানি
চমকে ঘুমঘোরে।
খোকার গায়ে মিলিয়ে আছে
যে কচি কোমলতা –
জান কি সে যে এতটা কাল
লুকিয়ে ছিল কোথা।
মা যবে ছিল কিশোরী মেয়ে
করুণ তারি পরান ছেয়ে
মাধুরীরূপে মুরছি ছিল
কহে নি কোনো কথা –

খোকার গায়ে মিলিয়ে আছে
যে কচি কোমলতা।
আশিস আসি পরশ করে
খোকারে ঘিরে ঘিরে –
জান কি কেহ কোথা হতে সে
বরষে তার শিরে।
ফাগুনে নব মলয়শ্বাসে,
শ্রাবণে নব নীপের বাসে,
আশিনে নব ধান্যদলে,
আষাঢ়ে নব নীরে –
আশিস আসি পরশ করে
খোকারে ঘিরে ঘিরে।
এই-যে খোকা তরুণতনু
নতুন মেলে আঁখি –
ইহার ভার কে লবে আজি
তোমরা জান তা কি?
হিরণময় কিরণ-ঝোলা
যাঁহার এই ভুবন-দোলা
তপন-শশী-তারার কোলে
দেবেন এরে রাখি –
এই-যে খোকা তরুণতনু
নতুন মেলে আঁখি।

مُنّے کی نیند

مرے منّے کی آنکھوں میں ___ جو ٹھنڈی نیند آتی ہے
کہاں سے آتی جاتی ہے؟ ___ کوئی کچھ جانتا ہے کیا؟

سُنا ہے وہ 'پری' گاؤں
جہاں ''جگنو جلے جنگل'' کی چھاؤں میں
دو کلیاں ہیں، طلسمی ہیں
وہیں رہتی ہیں اور منّے کی آنکھوں میں
وہ آیا جایا کرتی ہیں

مرے منّے کے ہونٹوں پر جو ہلکی مُسکراہٹ ہے
چمکتی رہتی ہے جو نیند میں اُس کی
بھلا کس دیش میں پیدا ہوئی تھی؟
کوئی بتلائے تو مجھ کو ___ سُنا ہے جاڑوں کے بادل کو
اک ننّھی سی چندا کی کِرن نے چھو لیا تھا
وہی شبنم دُھلی اک صبح میں پیدا ہوئی وہ مسکراہٹ
جو منّے کے لبوں پر نیند میں بھی.... چمکتی رہتی ہے

بدن پر منّے کے جو یہ، ملائم کو ملتا ہے
پتہ ہے وہ کہاں اب تک چھپی تھی؟
بڑی کمسِن تھی جب ماں

بڑی کومل تھی جاں اُس کی
چھپی بیٹھی تھی اُس کے من میں ... اور بولی نہیں کچھ بھی
وہ منّے کے بدن پر کھِل گئی ہے ___ 'کوملتا' ساری!

دُعاؤں سے گھِرا رہتا ہے منّا ___ دُعائیں چھوتی ہیں اُس کو
کوئی کچھ جانتا ہے کیا؟ ___ برستی ہیں کہاں سے وہ؟
ہوائیں پھاگُنی جب سانس لیتی ہیں،
نئے ساون کی خنکی کی مہک سے
مہینہ دھان کی فصلوں کا جب آئے
نئی بوچھاڑ جب آساڑھ میں آئے
دُعائیں چھوتی ہیں اُس کو، دُعائیں گھیرے رہتی ہیں

یہی نازُک بدن مُنّا،
پہل پہلے جب اپنی آنکھ کھولے گا
سنبھالے گا اُسے تب کون .... کیا معلوم ہے تم کو؟

سُنہری کِرنوں میں اِس کو جھلاتا ہے
یہ گرہ منڈل چلاتا ہے
جو سورج، چاند اور تاروں کی
گودی میں اُسے لے جا کے رکھّے گا
یہی نازُک بدن منّا،
یہاں پہلے جب اپنی آنکھ کھولے گا!!

THE SOURCE

The sleep that flits on baby's eyes – does anybody know from where it comes? Yes, there is a rumour that it has its dwelling where, in the fairy village among shadows of the forest dimly lit with glow-worms, there hang two shy buds of enchantment. From there it comes to kiss baby's eyes.

The smile that flickers on baby's lips when he sleeps – does anybody know where it was born? Yes, there is a rumour that a young pale beam of a crescent moon touched the edge of a vanishing autumn cloud, and there the smile was first born in the dream of a dew-washed morning – the smile that flickers on baby's lips when he sleeps.

The sweet, soft freshness that blooms on baby's limbs – does anybody know where it was hidden so long? Yes, when the mother was a young girl it lay pervading her heart in tender and silent mystery of love – the sweet, soft freshness that has bloomed on baby's limbs.

কেন মধুর

রঙিন খেলনা দিলে ও রাঙা হাতে
তখন বুঝি রে বাছা, কেন যে প্রাতে
এত রঙ খেলে মেঘে জলে রঙ ওঠে জেগে,
কেন এত রঙ লেগে ফুলের পাতে –
রাঙা খেলা দেখি যবে ও রাঙা হাতে।
গান গেয়ে তোরে আমি নাচাই যবে
আপন হৃদয়-মাঝে বুঝি রে তবে,
পাতায় পাতায় বনে ধ্বনি এত কী কারণে,
ঢেউ বহে নিজমনে তরল রবে,
বুঝি তা তোমারে গান শুনাই যবে।
যখন নবনী দিই লোলুপ করে
হাতে মুখে মেখেচুকে বেড়াও ঘরে,
তখন বুঝিতে পারি স্বাদু কেন নদীবারি,
ফল মধুরসে ভারী কিসের তরে,
যখন নবনী দিই লোলুপ করে।
যখন চুমিয়ে তোর বদনখানি
হাসিটি ফুটায়ে তুলি তখনি জানি
আকাশ কিসের সুখে আলো দেয় মোর মুখে,
বায়ু দিয়ে যায় বুকে অমৃত আনি –
বুঝি তা চুমিলে তোর বদনখানি।

کھلونے

تجھے رنگیں کھلونے دے کے بچّو
مجھے تو اب سمجھ آئی ہے کیوں اتنے سلونے
رنگ رکھّے ہیں گھٹاؤں میں
چھلک اٹھتے ہیں پانی میں ___ چھلک اُٹھتے ہیں کتنے رنگ

کیوں اتنے رنگ لگتے ہیں گُلوں کی پتّیوں میں
ترے رنگین ہاتھوں میں کھلونے دے کے اب سمجھا

مَیں گا کے جب تجھے دُھن پر نچاتا ہوں ___ مِرا دل تب یہ سمجھا ہے
گھنے جنگل کا پتّہ پتّہ ___ کیوں آواز کرتا ہے
لہر بہتے ہوئے کیوں من ہی من کچھ گنگُناتی ہے
تجھے گا کر سُنایا، تب سمجھ آیا!

ملائی سے یہ لبڑے ہاتھ مُنہ لے کر ___ جو کمرے میں ٹہلتے ہو
تبھی سمجھا مَیں، ندیا کیوں سوادی ہے
پھلوں میں رس بھرا کیوں ہے
تمہارے لالچی، لبڑے ہوئے ہاتھوں کو دیکھا، تب سمجھ آیا
تمہارے چہرے کو جب چُومتا ہوں
تمہاری مُسکراہٹ کھلنے لگتی ہے
مرے چہرے پہ کیوں آکاش، اپنا نُور برساتا ہے خوش ہو کر،
ہوا سینے میں بھر جاتی ہے کیوں امرت!
تمہارا چہرہ چُوما تو سمجھ آیا!!

WHEN AND WHY

When I bring you coloured toys, my child, I understand why there is such a play of colours on clouds, on water, and why flowers are painted in tints – when I give coloured toys to you, my child.

When I sing to make you dance, I truly know why there is music in leaves, and why waves send their chorus of voices to the heart of the listening earth – when I sing to make you dance.

When I bring sweet things to your greedy hands, I know why there is honey in the cup of the flower, and why fruits are secretly filled with sweet juice – when I bring sweet things to your greedy hands.

When I kiss your face to make you smile, my darling, I surely understand what pleasure streams from the sky in morning light, and what delight the summer breeze brings to my body – when I kiss you to make you smile.

মাতৃবৎসল

মেঘের মধ্যে মা গো, যারা থাকে
তারা আমায় ডাকে, আমায় ডাকে।
বলে, 'আমরা কেবল করি খেলা,
সকাল থেকে দুপুর সন্ধেবেলা।
সোনার খেলা খেলি আমরা ভোরে,
রুপোর খেলা খেলি চাঁদকে ধরে।'
আমি বলি, 'যাব কেমন করে।'
তারা বলে, 'এসো মাঠের শেষে।
সেইখানেতে দাঁড়াবে হাত তুলে,
আমরা তোমায় নেব মেঘের দেশে।'
আমি বলি, 'মা যে আমার ঘরে
বসে আছে চেয়ে আমার তরে,
তারে ছেড়ে থাকব কেমন করে।'
শুনে তারা হেসে যায় মা, ভেসে।
তার চেয়ে মা আমি হব মেঘ;
তুমি যেন হবে আমার চাঁদ –
দু হাত দিয়ে ফেলব তোমায় ঢেকে,
আকাশ হবে এই আমাদের ছাদ।
ঢেউয়ের মধ্যে মা গো যারা থাকে,
তারা আমায় ডাকে, আমায় ডাকে।
বলে, 'আমরা কেবল করি গান
সকাল থেকে সকল দিনমান।'
তারা বলে, 'কোন্ দেশে যে ভাই,
আমরা চলি ঠিকানা তার নাই।'
আমি বলি, 'কেমন করে যাই।'
তারা বলে, 'এসো ঘাটের শেষে।
সেইখানেতে দাঁড়াবে চোখ বুজে,
আমরা তোমায় নেব ঢেউয়ের দেশে।'

আমি বলি, 'মা যে চেয়ে থাকে,
সন্ধে হলে নাম ধরে মোর ডাকে,
কেমন ক'রে ছেড়ে থাকব তাকে।'
শুনে তারা হেসে যায় মা, ভেসে।
তার চেয়ে মা, আমি হব ঢেউ,
তুমি হবে অনেক দূরের দেশ।
লুটিয়ে আমি পড়ব তোমার কোলে,
কেউ আমাদের পাবে না উদ্দেশ।

بادل بادل

بادل میں جو بستے ہیں ناں، ماں گو
مجھ کو سب آوازیں دیتے ہیں
کہتے ہیں وہ کھیلتے ہیں
صبح سے، دوپہر سے لے کر شام تلک
صبح کے سونے میں کھیلا کرتے ہیں سب
چاند کو لے کر، چاندی چاندی کھیلتے ہیں
مَیں پوچھتا ہوں، جب آؤں، کیسے جاؤں؟
وہ کہتے ہیں میدان کنارے آ جاؤ
اور وہاں پہ ہاتھ اُٹھا کر کھڑے رہو
ہم تم کو بادل دیش تلک لے جائیں گے
مَیں کہتا ہوں، ماں بیٹھی ہے ناں، میرے لئے
اُس کو چھوڑ کے کیسے رہوں گا؟
سُن کر وہ سب ہنستے ہنستے بہہ جاتے ہیں ماں!

اُس سے اچھا ہے ماں، مَیں بادل بن جاؤں
ڈھک لوں گا مَیں تم کو دونوں ہاتھوں سے،
اور آسمان کو اپنی چھت بنا لیں گے

لہروں میں جو بستے ہیں ناں ماں گو
مجھ کو سب آوازیں دیتے ہیں
کہتے ہیں وہ گاتے رہتے ہیں
صبح سے، سب سارا سارا دن
کہتے ہیں کتنے دیشوں میں گھومتے ہیں
''کوئی گنتی نہیں ہے بھائی!''
مَیں کہتا ہوں کیسے جاؤں؟
وہ کہتے ہیں تم گھاٹ کنارے آؤ....!
اور کھڑے رہو تم آنکھیں میچ کے
ہم تم کو لہروں کے دیش میں لے جائیں گے

مَیں کہتا ہوں ماں بیٹھی ہے ناں میرے لئے
شام ہوتے ہی نام سے مجھ کو بُلاتی ہے
اُس کو چھوڑ کے کیسے رہوں گا مَیں؟
سُن کر وہ سب ہنستے ہنستے بہہ جاتے ہیں

اُس سے تو اچھا ہے ماں، مَیں لہر بنوں،
اور تم دُور دراز کا دیش___!
لوٹا پوٹا آکے گروں مَیں گود تمہاری
اور کوئی بھی جان نہ پائے!!

CLOUDS AND WAVES

Mother, the folk who live up in the clouds call
out to me –

'We play from the time we wake till the day ends.

We play with the golden dawn, we play with
the silver moon.'

I ask, 'But, how am I to get up to you?' They answer,
'Come to the edge of the earth, lift up your hands
to the sky, and you will be taken up into
the clouds.'

'My mother is waiting for me at home,' I say. 'How
can I leave her and come?'

Then they smile and float away.

But I know a nicer game than that, mother.

I shall be the cloud and you the moon.

I shall cover you with both my hands, and our
housetop will be the blue sky.

The folk who live in the waves call out to me –

'We sing from morning till night; on and on we travel
and know not where we pass.'

I ask, 'But, how am I to join you?' They tell me,
'Come to the edge of the shore and stand with

your eyes tight shut, and you will be carried out upon the waves.'

I say, 'My mother always wants me at home in the evening – how can I leave her and go?'

Then they smile, dance and pass by.

But I know a better game than that.

I will be the waves and you will be a strange shore.

I shall roll on and on and on, and break upon your lap with laughter.

And no one in the world will know where we both are.

ছুটির দিনে

ওই দেখো মা, আকাশ ছেয়ে
মিলিয়ে এল আলো,
আজকে আমার ছুটোছুটি
লাগল না আর ভালো।
ঘন্টা বেজে গেল কখন,
অনেক হল বেলা।
তোমায় মনে পড়ে গেল,
ফেলে এলেম খেলা।
আজকে আমার ছুটি, আমার
শনিবারের ছুটি।
কাজ যা আছে সব রেখে আয়
মা তোর পায়ে লুটি।
দ্বারের কাছে এইখানে বোস,
এই হেথা চৌকাঠ –
বল্ আমারে কোথায় আছে
তেপান্তরের মাঠ।
ওই দেখো মা, বর্ষা এল
ঘনঘটায় ঘিরে,
বিজুলি ধায় এঁকেবেঁকে
আকাশ চিরে চিরে।
দেব্‌তা যখন ডেকে ওঠে
থর্‌থরিয়ে কেঁপে
ভয় করতেই ভালোবাসি
তোমায় বুকে চেপে।
ঝুপ্‌ঝুপিয়ে বৃষ্টি যখন
বাঁশের বনে পড়ে
কথা শুনতে ভালোবাসি
বসে কোণের ঘরে।

ওই দেখো মা, জানলা দিয়ে
আসে জলের ছাট –
বল্ গো আমায় কোথায় আছে
তেপান্তরের মাঠ।
কোন্ সাগরের তীরে মা গো,
কোন্ পাহাড়ের পারে,
কোন্ রাজাদের দেশে মা গো,
কোন্ নদীটির ধারে।
কোনোখানে আল বাঁধা তার
নাই ডাইনে বাঁয়ে ?
পথ দিয়ে তার সন্ধেবেলায়
পৌঁছে না কেউ গাঁয়ে?
সারা দিন কি ধূ ধূ করে
শুকনো ঘাসের জমি?
একটি গাছে থাকে শুধু
ব্যাঙ্গমা-বেঙ্গমী?
সেখান দিয়ে কাঠকুড়ুনি
যায় না নিয়ে কাঠ?
বল্ গো আমায় কোথায় আছে
তেপান্তরের মাঠ।
এমনিতরো মেঘ করেছে
সারা আকাশ ব্যেপে,
রাজপুত্তুর যাচ্ছে মাঠে
একলা ঘোড়ায় চেপে।
গজমোতির মালাটি তার
বুকের 'পরে নাচে –
রাজকন্যা কোথায় আছে
খোঁজ পেলে কার কাছে।
মেঘে যখন ঝিলিক মারে
আকাশের এক কোণে
দুয়োরানী-মায়ের কথা

পড়ে না তার মনে?
দুখিনা মা গোয়াল-ঘরে
দিচ্ছে এখন ঝাঁট,
রাজপুত্তুর চলে যে কোন্
তেপান্তরের মাঠ।
ওই দেখো মা, গাঁয়ের পথে
লোক নেইকো মোটে,
রাখাল-ছেলে সকাল করে
ফিরেছে আজ গোঠে।
আজকে দেখো রাত হয়েছে
দিস না যেতে যেতে,
কৃষাণেরা বসে আছে
দাওয়ায় মাদুর পেতে।
আজকে আমি নুকিয়েছি মা,
পুঁথিপত্তর যত –
পড়ার কথা আজ বোলো না।
যখন বাবার মতো
বড়ো হব তখন আমি
পড়ব প্রথম পাঠ –
আজ বলো মা, কোথায় আছে
তেপান্তরের মাঠ।

چھٹّی

دیکھوتو ماں، آسمان میں ___ روشنی مدّھم ہونے لگی ہے
آج مجھے یہ چھٹّی وٹّی ___ اچھی نہیں لگی !

گھنٹی کب کی بج بھی چکی ___ اور کتنی دیر ہوئی
کھیل ویل مَیں بھول گیا ___ تم ایسے یاد آئیں
شنی وار کی چھٹّی تھی ماں ___ تم کو یاد نہیں !

کام کاج تم چھوڑو ماں ___ پاؤں میں لوٹنے دو
چوکھٹ پر آؤ، بیٹھو تو ___
''تے پانتر'' کا میدان ___ کہاں ہے، بولو تو''!

دیکھوتو ماں، بارش آئی
گھنگھور گھٹائیں گِھر کے
بجلی، ناخونوں سے دیکھو ___ آسمان کھرونچے
تھرتھر کانپ اُٹھتا ہے سب جب
دیوتا گرجے، گونجے
ڈرنا بھی اچھّا لگتا ہے
جب تم گلے لگاتی ہو

بانسوں والے جنگل میں جب ___ بارش سنسناتی ہے
اچھا لگتا ہے، بیٹھک میں ___ بیٹھی جب ___ کہانی سُناتی ہو!
پھر ___ ''تے پانتر'' کا میدان، ___ کہاں ہے، بولوتو!

کس ساگر کے ساحل پر، ماں ___ کون پہاڑ کے پار
کس راجا کے دیش میں، ماں گو ___ کس ندیا کی دھار
نہ ہی کوئی روشنی ہے ___ اور نہ ہی مینڈھ، نہ باڑ

شام کو جس رستے پہ چل کے ___ کوئی نہ پہنچے گاؤں
سارا دن چِر چِر کرتے ہیں ___ سُوکھی گھاس پہ پاؤں
ایک ہی ڈال پہ جا کر بیٹھیں ___ بومے، ما، دونوں

120

''کٹھ پھوڑا'' لکڑ ہگّا بھی جاتا نہیں، جب لکڑی لانی ہو
وہ ''تے پانتر'' کا میدان
کہاں ہے بولوتو!

ایسے ہی اک بارش کے دن ___ آسمان تھا پگھلا پگھلا
راجکمار گھوڑے پہ چڑھ کے ___ جب جنگل میں نکلا
جگمگاتی گلے کی مالا ___ سینے پر لہرائے
راجکماری، ہے تو کہاں پر؟

کھو جے کون بتلائے
آسمان کے کونے سے جب ___ بجلی چمکاتی ہو گی
''دُویا'' رانی ماں کی بات ___ کیا یاد نہ آتی ہو گی؟
دُکھیاری ماں، گئوباڑے میں ___ چھانٹتی ہو گی دھان
راجکمار کو جانا ہے پر ___ ''تے پانتر'' کے میدان!

دیکھو ماں، پگڈنڈی پر کیا ___ کوئی نظر آتا ہے؟
اور گوالا بھی تو شام کو ___ جلدی لوٹ آتا ہے

دن جاتے نہ جاتے سارے ___ بیٹھ گئے کھیتوں سے آکے
اپنے اپنے دروازوں پر ___ ٹاٹ چٹائی بچھا کے
میں نے بھی آج اپنی پُستک ___ رکھ دی دُور اُٹھا کے

آج مگر پڑھنے کی بات نہ کرنا ماں
بابا سا بڑا ہو جاؤں گا جب
کہہ دُوں گا، پہلا پاٹھ پڑھا دو
لیکن ماں کو
''تے پانتر'' کا میدان
کہاں ہے بولو، آج بتا دو!!

THE LAND OF THE EXILE

Mother, the light has grown grey in the sky: I do not know what the time is.

There is no fun in my play, so I have come to you. It is Saturday, our holiday.

Leave off your work, mother; sit here by the window and tell me where the desert of Tepantar in the fairy tale is?

The shadow of the rains has covered the day from end to end.

The fierce lightning is scratching the sky with its nails.

When the clouds rumble and it thunders, I love to be afraid in my heart and cling to you.

When the heavy rain patters for hours on the bamboo leaves, and our windows shake and rattle at the gusts of wind, I like to sit alone in the room, mother, with you, and hear you talk about the desert of Tepantar in the fairy tale.

Where is it, mother, on the shore of what sea, at the foot of what hills, in the kingdom of what king?

There are no hedges there to mark the fields, no footpath across it by which the villagers reach their village in the evening, or the woman who gathers dry sticks in the forest can bring her load to the market. With patches of yellow grass in the sand and only one tree where the pair of wise old birds have their nest, lies the desert of Tepantar.

I can imagine how, on just such a cloudy day, the young son of the king is riding alone on a grey horse through the desert, in search of the princess who lies imprisoned in the giant's place across that unknown water.

When the haze of the rain comes down in the distant sky, and lightning starts up like a sudden fit of pain, does he remember his unhappy mother, abandoned by the king, sweeping the cow-staff and wiping her eyes, while he rides through the desert of Tepantar in the fairy tale?

See, mother, it is almost dark before the day is over, and there are no travellers yonder on the village road.

The shepherd boy has gone home early from the pasture, and men have left their fields to sit on mats under the eaves of their huts, watching the scowling clouds.

Mother, I have left all my books on the shelf – do not ask me to do my lessons now.

When I grow up and am big like my father, I shall learn all that must be learnt.

But just for today, tell me, mother, where the desert of Tepantar in the fairy tale is?

নৌকোযাত্রা

মধু মাঝির ওই যে নৌকোখানা
বাঁধা আছে রাজগঞ্জের ঘাটে,
কারো কোনো কাজে লাগছে না তো,
বোঝাই করা আছে কেবল পাটে।
আমায় যদি দেয় তারা নৌকাটি
আমি তবে একশোটা দাঁড় আঁটি,
পাল তুলে দিই চারটে পাঁচটা ছটা –
মিথ্যে ঘুরে বেড়াই নাকো হাটে।
আমি কেবল যাই একটিবার
সাত সমুদ্র তেরো নদীর পার।
তখন তুমি কেঁদো না মা, যেন
বসে বসে একলা ঘরের কোণে –
আমি তো মা, যাচ্ছি নেকো চলে
রামের মতো চোদ্দ বছর বনে।
আমি যাব রাজপুত্র হয়ে
নৌকো-ভরা সোনামানিক বয়ে,
আশুকে আর শ্যামকে নেব সাথে,
আমরা শুধু যাব মা তিন জনে।
আমি কেবল যাব একটিবার
সাত সমুদ্র তেরো নদীর পার।
ভোরের বেলা দেব নৌকো ছেড়ে,
দেখতে দেখতে কোথায় যাব ভেসে।
দুপুরবেলা তুমি পুকুর-ঘাটে,
আমরা তখন নতুন রাজার দেশে।
পেরিয়ে যাব তির্‌পুর্নির ঘাট,
পেরিয়ে যাব তেপান্তরের মাঠ,
ফিরে আসতে সন্ধে হয়ে যাবে,
গল্প বলব তোমার কোলে এসে।
আমি কেবল যাব একটিবার
সাত সমুদ্র তেরো নদীর পার।

مدھّو کی کشتی وہ دیکھوناں
راج گھاٹ پہ بندھی ہوئی ہے
کام کی ہے نہ کاج کی ہے
'پٹ سن' سے بس بھری ہوئی ہے
مجھ کو دے دے کشتی تو مَیں
سَو سَو تو پتوار لگا دُوں
چار پانچ چھ، پال اُٹھا دوں!

خوامخواہ بازار نہ گھوموں.....
جانا ہے بس ایک ہی بار
سات سمندر، تیرہ ندیوں پار
لیکن ماں، مت روتی رہنا
اک کونے میں بیٹھی اُداس
'رام' کے جیسے تھوڑا ہی ماں
چلا میں چودہ برس بن باس

راجکمار بن کر جاؤں گا
موتیوں سے ناؤ بھرلُوں گا
آشو، شیام کو ساتھ کرلُوں گا

ہم تینوں جائیں گے ماں
سات سمندر ایک ہی بار
تیرہ ندیوں کے اُس پار
صبح صبح کھولیں گے ناؤ
دیکھتے دیکھتے بہہ جائیں گے
دوپہر کو جب تم گھاٹ پہ ہوگی
ہم کسی راجا کے یہاں رہ جائیں گے
''ترپورن'' کا گھاٹ گزر کے

''تے پانتر'' کا میدان
لوٹتے شام تو ہو جائے گی
گود میں آ کے قصّے کہوں گا
سات سمندر پر اک بار...
تیرہ ندیوں کے اُس پار!!

THE SAILOR

The boat of the boatman Madhu is moored at the wharf of Rajgunj.

It is uselessly laden with jute, and has been lying there idle for ever so long.

If he would only lend me his boat, I should man her with a hundred oars, and hoist sails, five or six or seven.

I should never steer her to stupid markets. I should sail the seven seas and the thirteen rivers of fairyland.

But, mother, you won't weep for me in a corner.

I am not going into the forest like Ramachandra to come back only after fourteen years.

I shall become the prince of the story, and fill my boat with whatever I like.

I shall take my friend Ashu with me. We shall sail merrily across the seven seas and the thirteen rivers of fairyland.

We shall set sail in the early morning light.

When at noontide you are bathing at the pond, we shall be in the land of a strange king.

We shall pass the ford of Tirpurni, and leave behind us the desert of Tepantar.

When we come back it will be getting dark, and I shall tell you of all that we have seen.

I shall cross the seven seas and the thirteen rivers of fairyland.

জ্যোতিষ-শাস্ত্র

আমি শুধু বলেছিলেম –
'কদম গাছের ডালে
পূর্ণিমা-চাঁদ আটকা পড়ে
যখন সন্ধেকালে
তখন কি কেউ তারে
ধরে আনতে পারে।'
শুনে দাদা হেসে কেন
বললে আমায়, 'খোকা,
তোর মতো আর দেখি নাইকো বোকা।
চাঁদ যে থাকে অনেক দূরে
কেমন করে ছুঁই?'
আমি বলি, 'দাদা, তুমি
জান না কিচ্ছুই।
মা আমাদের হাসে যখন
ওই জানলার ফাঁকে
তখন তুমি বলবে কি, মা
অনেক দূরে থাকে।'
তবু দাদা বলে আমায়, 'খোকা,
তোর মতো আর দেখি নাই তো বোকা।'
দাদা বলে, 'পাবি কোথায়
অত বড়ো ফাঁদ?'
আমি বলি, 'কেন দাদা,
ওই তো ছোটো চাঁদ,
দুটি মুঠোয় ওরে
আনতে পারি ধরে।'
শুনে দাদা হেসে কেন
বললে আমায়, 'খোকা,
তোর মতো আর দেখি নাই তো বোকা।

চাঁদ যদি এই কাছে আসত
    দেখতে কত বড়ো।'
আমি বলি, 'কী তুমি ছাই
    ইস্কুলে যে পড়।
মা আমাদের চুমো খেতে
    মাথা করে নিচু,
তখন কি আর মুখটি দেখায়
    মস্ত বড়ো কিছু।'
        তবু দাদা বলে আমায়, 'খোকা,
        তোর মতো আর দেখি নাই তো বোকা।'

چاند لا دو !

مَیں نے تو اتنا ہی کہا تھا....
''کدم'' کے پیڑ کی شاخوں میں جب
رات کو پورنیا کا چاند اٹک جاتا ہے،
کوئی اُتار کے لے آئے تو!

سُن کر دادا جانے کیوں، ___ مجھ سے ہنس کر بولے یوُں
اَو رے منّا، مُنّا تُو ___ تجھ سا دیکھا نہیں بُدھّو !

''چاند اتنی دُوری پر ہے تو ___ ہاتھ لگائیں کیسے؟''
''دادا تم کو پتہ نہیں کچھ ___ اب سمجھاؤں کیسے؟''

ماں اُوپر کے جنگلے سے جب ___ دیکھ کے ہنستی ہے
تب بولو، کیا ماں تم کو؟ ___ بہت دُور لگتی ہے؟
دادا پھر بھی بولے مُنّا ___ او مُنّا تو
تجھ سا دوجا ___ دیکھا نہیں بدھّو !
دادا بولے، ''اتنا بڑا بھی ___ کیا کوئی جال کہیں ہے؟''
''کیوں دادا'' مَیں بولا ''چاند تو ___ اِتنا بڑا نہیں ہے!''
''دو ہاتھوں میں اُس کو اُٹھا کر ___ ہم تو گھر لا سکتے ہیں!''

سُن کر دادا جانے کیوں
مجھ سے ہنس کر بولے یُوں
''اَو رے منّا... مُنّا تُو
تجھ سا دیکھا نہیں بُدھّو!
چاند اگر پاس آتا تو تم
دیکھتے کتنا بڑا ہے!''

مَیں بولا__ ''اِشش! دادا تم نے
سکول میں کیا پڑھا ہے؟

ماں جب میرا چہرہ چومنے،
سر نیچے کرتی ہے!
ماں کا چہرہ دیکھ کے کیا،
لگتا ہے اتنی بڑی ہے؟''

پھر بھی دادا کہہ دیتے ہیں
''اور رے مُنّا... مُنّا تو
تجھ سا دیکھا نہیں بُدھّو!!''

THE ASTRONOMER

I only said, 'When in the evening the round full moon gets entangled among the branches of that Kadam tree, couldn't somebody catch it?'

But dada [elder brother] laughed at me and said, 'Baby, you are the silliest child I have ever known. The moon is ever so far from us, how could anybody catch it?'

I said, 'Dada, how foolish you are! When mother looks out of her window and smiles down at us playing, would you call her far away?'

Still Dada said, 'You are a stupid child! But, baby, where could you find a net big enough to catch the moon with?'

I said, 'Surely you could catch it with your hands.'

Bui dada laughed and said, 'You are the silliest child I have known. If it came nearer, you would see how big the moon is.'

I said, 'Dada, what nonsense they teach at your school! When mother bends her face down to kiss us does her face look very big?'

But still dada says, 'You are a stupid child.'

মাঝি

আমার যেতে ইচ্ছে করে
নদীটির ওই পারে –
যেথায় ধারে ধারে
বাঁশের খোঁটায় ডিঙি নৌকো
বাঁধা সারে সারে।
কৃষাণেরা পার হয়ে যায়
লাঙল কাঁধে ফেলে;
জাল টেনে নেয় জেলে,
গোরু মহিষ সাঁৎরে নিয়ে
যায় রাখালের ছেলে।
সন্ধে হলে যেখান থেকে
সবাই ফেরে ঘরে
শুধু রাতদুপরে
শেয়ালগুলো ডেকে ওঠে
ঝাউডাঙাটার 'পরে।
মা, যদি হও রাজি,
বড়ো হলে আমি হব
খেয়াঘাটের মাঝি।
শুনেছি ওর ভিতর দিকে
আছে জলার মতো।
বর্ষা হলে গত
ঝাঁকে ঝাঁকে আসে সেথায়
চখাচখী যত।
তারি ধারে ঘন হয়ে
জন্মেছে সব শর;
মানিক-জোড়ের ঘর,
কাদাখোঁচা পায়ের চিহ্ন
আঁকে পাঁকের 'পর।

সন্ধ্যা হলে কত দিন মা,
দাঁড়িয়ে ছাদের কোণে
দেখেছি একমনে –
চাঁদের আলো লুটিয়ে পড়ে
সাদা কাশের বনে।
মা, যদি হও রাজি,
বড়ো হলে আমি হব
খেয়াঘাটের মাঝি।
এ-পার ও-পার দুই পারেতেই
যাব নৌকো বেয়ে।
যত ছেলেমেয়ে
স্নানের ঘাটে থেকে আমায়
দেখবে চেয়ে চেয়ে।
সূর্য যখন উঠবে মাথায়
অনেক বেলা হলে –
আসব তখন চলে
'বড়ো খিদে পেয়েছে গো –
খেতে দাও মা' বলে।
আবার আমি আসব ফিরে
আঁধার হলে সাঁঝে
তোমার ঘরের মাঝে।
বাবার মতো যাব না মা,
বিদেশে কোন্ কাজে।
মা, যদি হও রাজি,
বড়ো হলে আমি হব
খেয়াঘাটের মাঝি।

بڑا جی ہے ندی کے پار جانے کا
جہاں بانسوں کے کھونٹوں سے بندھی ہیں
قطاریں مانجھیوں کی کشتیوں کی
کِسان کندھوں پہ ہل لے کر
جہاں اُس پار جاتے ہیں
گوالہ چھورا گائے بھینسیں لے جاتا ہے تیرا کر، ندی میں!

جہاں سے شام ہوتے ہی، ___ سبھی گھر لوٹ آتے ہیں
وہاں دن رات گیدڑ بولتے ہیں ___ گھنے ''جھاؤ'' کے جنگل میں!
اگر تم مان جاؤں ماں ___
بڑا ہو کر بنوں گا میں ___ کھیا کے گھاٹ کا مانجھی

سُنا ہے اُس کے اندر ہیں ___ کئی تالاب پانی کے
بھرے رہتے ہیں بارش میں ___ کنارے پر اُنہیں کے
گھنی اُگتی ہے گھاس
وہیں آتی ہے 'مانک جوڑ' کی جوڑی
وہیں پر 'کیچ مُرغابی' بھی آتی ہے
نشاں پنجوں کے رکھ جاتی ہے ___ گیلی گیلی مٹّی پر ___!

کئی شامیں، کئی دن، ماں
کھڑے رہ کر اِسی کونے میں چھت کے
بڑے ہی من سے دیکھا ہے، ___ بکھرتی چاندنی کو ___!
سفیدہ 'کانش' کے پھولوں کی کھیتی پر ___ اگر تم مان جاؤ ماں
بڑا ہو کر بنوں گا، مَیں ___ کھیا کے گھاٹ کا مانجھی!

یہاں پر، اُس طرف، دونوں طرف ہی ___ چلاؤں گا مَیں کشتی....
ہیں جتنی لڑکیاں، لڑکے ___ سبھی اِشنان والے گھاٹ سے اُٹھ کر
مجھے دیکھا کریں گے!

چڑھے گا سر پہ جب سورج، ___ نکل آئے گا کافی دن
مَیں دوڑ آیا کروں گا، ماں، ___ ''لگی ہے بھوک زوروں سے
مجھے کچھ کھانے کو دو ماں!''

مَیں پھر سے لوٹ کر آیا کروں گا ماں!
اندھیرا ہوتے ہوتے مَیں
تمہارے پاس ہی گھر میں!!
مَیں جاؤں گا نہیں بابا کے جیسے
بدیشوں میں کہیں بھی، کام کرنے!
اگر تم مان جاؤ ماں
بڑا ہو کر بنوں گا، مَیں ___ کھیا کے گھاٹ کا مانجھی!

THE FURTHER BANK

I long to go over there to the further bank of the river,

Where those boats are tied to the bamboo poles in a line;

Where men cross over in their boats in the morning with ploughs on their shoulders to till their faraway fields;

Where the cowherds make their lowing cattle swim across to the riverside pasture;

Whence they all come back home in the evening, leaving the jackals to howl in the island overgrown with weeds,

Mother, if you don't mind, I should like to become the boatman of the ferry when I am grown up.

They say there are strange pools hidden behind that high bank,

Where flocks of wild ducks come when the rains are over, and thick reeds grow round the margins where waterbirds lay their eggs.

Where snipes with their dancing tails stamp their tiny footprints upon the clean soft mud;

Where in the evening the tall grasses crested with white flowers invite the moonbeam to float upon their waves.

Mother, if you don't mind, I should like to become
the boatman of the ferryboat when I am
grown up.

I shall cross and cross back from bank to bank, and
all the boys and girls of the village will wonder at
me while they are bathing.

When the sun climbs the mid sky and morning wears
on to noon, I shall come running to you, saying,
'Mother, I am hungry!'

When the day is done and the shadows cower under
the trees, I shall come back in the dusk.

I shall never go away from you into the town to work
like father.

Mother, if you don't mind, I should like to become
the boatman of the ferryboat when I am
grown up.

বৈজ্ঞানিক

যেম্‌নি মা গো গুরু গুরু
মেঘের পেলে সাড়া
যেম্‌নি এল আষাঢ় মাসে
বৃষ্টিজলের ধারা,
পুবে হাওয়া মাঠ পেরিয়ে
যেম্‌নি পড়ল আসি
বাঁশ-বাগানে সোঁ সোঁ ক'রে
বাজিয়ে দিয়ে বাঁশি –
অম্‌নি দেখ্‌ মা, চেয়ে –
সকল মাটি ছেয়ে
কোথা থেকে উঠল যে ফুল
এত রাশি রাশি।
তুই যে ভাবিস ওরা কেবল
অম্‌নি যেন ফুল,
আমার মনে হয় মা, তোদের
সেটা ভারি ভুল।
ওরা সব ইস্‌কুলের ছেলে,
পুঁথি-পত্র কাঁখে
মাটির নীচে ওরা ওদের
পাঠশালাতে থাকে।
ওরা পড়া করে
দুয়োর-বন্ধ ঘরে,
খেলতে চাইলে গুরুমশায়
দাঁড় করিয়ে রাখে।
বোশেখ-জষ্টি মাসকে ওরা
দুপুর বেলা কয়,
আষাঢ় হলে আঁধার ক'রে
বিকেল ওদের হয়।

ডালপালারা শব্দ করে
ঘনবনের মাঝে,
মেঘের ডাকে তখন ওদের
সাড়ে চারটে বাজে।
অমনি ছুটি পেয়ে
আসে সবাই ধেয়ে,
হলদে রাঙা সবুজ সাদা
কত রকম সাজে।
জানিস মা গো, ওদের যেন
আকাশেতেই বাড়ি,
রাত্রে যেথায় তারাগুলি
দাঁড়ায় সারি সারি।
দেখিস নে মা, বাগান ছেয়ে
ব্যস্ত ওরা কত !
বুঝতে পারিস কেন ওদের
তাড়াতাড়ি অত?
জানিস কি কার কাছে
হাত বাড়িয়ে আছে।
মা কি ওদের নেইকো ভাবিস
আমার মায়ের মতো?

جیسے ہی گھنگھور گھٹائیں ، ___ آسمان میں جمع ہوئیں
جیسے ہی آساڑھ لگا ، ___ اور اُمڑھ کے بارشیں برسیں

پُروائی ہوا ، میداں سے گُزر کے ___ جیسے ہی آ پہنچی
بانس باغ میں سائیں سائیں ___ بجنے لگی ہے بنسی
ویسے ہی دیکھو تو ماں ، ___ اِس مٹّی کے اندر سے
جانے کہاں سے پھول نکل ___ آتے ہیں بھر بھر کے

تم جو سمجھتی ہو ماں ، وہ سب ___ ویسے نہیں ہیں پھول
ماں مجھ کو لگتا ہے تم نے ___ کی ہے بھاری بھول

وہ سب سکول کے لڑکے ہیں ، ___ سب لکھتے پڑھتے ہیں
مٹّی کے نیچے پاٹھ شالا ہے ، ___ وہیں پہ پلتے بڑھتے ہیں

پڑھتے ہوئے گھر میں ، دروازے ___ بند کر لیتے ہیں
کھیلنے کی اِچھا پر ماسٹر ___ سب کو کھڑا کر دیتے ہیں
بیساکھ اور جیٹھ مہینے کو ___ دوپہر وہ کہتے ہیں
آساڑھ مہینہ ، اندھیرے کی ___ شام بنا لیتے ہیں وہ

ڈال پات جنگل میں سب ___ آوازیں کرتے ہیں
بادل کی گرج سُنتے ہی اُن کے ___ ساڑھے چار بجتے ہیں!

ایسے چھُٹّی لے کر وہ ___ سب باہر نکلتے ہیں
پیلا زرد، اور سبز، سفید، وہ ___ کتنے رنگوں میں سجتے ہیں

پتہ ہے ماں، آکاش میں ہی تو
اُن کے گھر ہوتے ہیں
رات کے وقت جہاں پر تارے
آ کے جمع ہوتے ہیں

دیکھا نہیں ماں، باغ میں کیسے
دوڑ لگی رہتی ہے
سمجھیں؟ اُن کو کیوں جلدی کی
ہوڑ لگی رہتی ہے

پتہ ہے تم کو؟ اُن کو جانا
کس کے پاس، کہاں ہے؟
اُن کی بھی تو ماں ہوگی ناں
جیسے میری ماں ہے!!

THE FLOWER-SCHOOL

When storm clouds rumble in the sky and June showers come down,

The moist east wind comes marching over the heath to blow its bagpipes among the bamboos.

Then crowds of flowers come out of a sudden, from nobody knows where, and dance upon the grass in wild glee.

Mother, I really think the flowers go to school underground.

They do their lessons with doors shut, and if they want to come out to play before it is time, their master makes them stand in a corner.

When the rains come they have their holidays,

Branches clash together in the forest, and the leaves rustle in the wild wind, the thunder clouds clap their giant hands and the flower children rush out in dresses of pink and yellow and white.

Do you know, mother, their home is in the sky, where the stars are.

Haven't you seen how eager they are to get there? Don't you know why they are in such a hurry?

Of course, I can guess to whom they raise their arms: they have their mother as I have my own.

দুঃখহারী

মনে করো, তুমি থাকবে ঘরে,
আমি যেন যাব দেশান্তরে।
　　ঘাটে আমার বাঁধা আছে তরী,
　　জিনিসপত্র নিয়েছি সব ভরি –
　　ভালো করে দেখ্ তো মনে করি
কী এনে মা, দেব তোমার তরে।
চাস কি মা, তুই এত এত সোনা –
সোনার দেশে করব আনাগোনা।
　　সোনামতী নদীতীরের কাছে
　　সোনার ফসল মাঠে ফ'লে আছে,
　　সোনার চাঁপা ফোটে সেথায় গাছে –
না কুড়িয়ে আমি তো ফিরব না।

পরতে কি চাস মুক্তো গেঁথে হারে –
জাহাজ বেয়ে যাব সাগর-পারে।
　　সেখানে মা, সকালবেলা হলে
　　ফুলের 'পরে মুক্তোগুলি দোলে,
　　টুপটুপিয়ে পড়ে ঘাসের কোলে –
যত পারি আনব ভারে ভারে।
দাদার জন্যে আনব মেঘে-ওড়া
পক্ষিরাজের বাচ্ছা দুটি ঘোড়া।
　　বাবার জন্যে আনব আমি তুলি
　　কনকলতার চারা অনেকগুলি –
　　তোর তরে মা, দেব কৌটা খুলি
　　　　সাত-রাজার-ধন মানিক একটি জোড়া।

سوداگر

ذرا سوچو تو ماں، تم گھر پہ ہو اور مَیں ، ___ مجھے انجان کچھ دیشوں میں جانا ہے
مری کشتی بندھی ہے گھاٹ سے، اور سب ، ___ ضروری چیزیں بھر لی ہیں
ذرا سا سوچ کر، مجھ کو بتاؤ ناں ، ___ تمہارے واسطے کیا لے کے آؤں ماں ؟

تمہیں کیا ڈھیر سارا چاہیئے سونا ؟ ___ تو پھر میں سونے والے دیشوں میں
سونا متی ندیا کنارے جایا کروں گا ___ جہاں سونے کی فصلیں پک رہی ہیں
کِھلی ہے سونے کی چمپا بھی پیڑوں پر ___ بنا لُوٹے وہ سب واپس نہ آؤں گا

146

تمہیں کیا گُوندھنے کو چاہئیں موتی ؟ ___ سمندر پار لے جاؤں جہازوں کو
وہاں پر پَو پھٹے جب صبح ہوتی ہے ___ گلوں کی پتّیوں پر ڈولتے رہتے ہیں موتی
وہیں پر گھاس میں ٹپ ٹپ ٹپکتے ہیں ___ مَیں جتنے ہو سکے بھر بھر کے لاؤں گا

جو بادل میں اُڑیں، ایسے
مَیں دادا کے لئے، دو پنکھوں والے ___ گھوڑے لاؤں گا
مَیں بابا کے لئے چُن چُن کے پودے
قلم والی لتا کے، لے کے آؤں گا!
تمہارے واسطے ماں، ___ خزانے کھول دُوں گا، سات راجاؤں کے،
اور اُس پر ایک جوڑا موتی ہنسوں کا!

THE MERCHANT

Imagine, mother, that you are to stay at home and I am to travel into strange lands.

Imagine that my boat is ready at the landing fully laden.

Now think well, mother, before you say what I shall bring for you when I come back.

Mother, do you want heaps and heaps of gold?

There, by the banks of golden streams, fields are full of golden harvest.

And in the shade of the forest path the golden champa flowers drop on the ground.

I will gather them all for you in many hundred baskets. Mother, do you want pearls big as the raindrops of autumn?

I shall cross to the pearl island shore. There in the early morning light pearls tremble on the meadow flowers, pearls drop on the grass, and pearls are scattered on the sand in spray by the wild sea waves.

My brother shall have a pair of horses with wings to fly among the clouds.

For father I shall bring a magic pen that, without his knowing, will write of itself.

For you, mother, I must have the casket and jewel that cost seven kings their kingdoms.

বিজ্ঞ

খুকি তোমার কিচ্ছু বোঝে না মা,
খুকি তোমার ভারি ছেলেমানুষ।
ও ভেবেছে তারা উঠছে বুঝি
আমরা যখন উড়েয়েছিলেম ফানুস।
আমি যখন খাওয়া-খাওয়া খেলি
খেলার থালে সাজিয়ে নিয়ে নুড়ি,
ও ভাবে বা সত্যি খেতে হবে
মুঠো ক'রে মুখে দেয় মা, পুরি।
সামনেতে ওর শিশুশিক্ষা খুলে
যদি বলি, 'খুকি, পড়া করো'
দু হাত দিয়ে পাতা ছিঁড়তে বসে –
তোমার খুকির পড়া কেমনতরো।
আমি যদি মুখে কাপড় দিয়ে
আস্তে আস্তে আসি গুড়িগুড়ি
তোমার খুকি অম্‌নি কেঁদে ওঠে,
ও ভাবে বা এল জুজুবুড়ি।
আমি যদি রাগ ক'রে কখনো
মাথা নেড়ে চোখ রাঙিয়ে বকি –
তোমার খুকি খিল্‌খিলিয়ে হাসে।
খেলা করছি মনে করে ও কি।
সবাই জানে বাবা বিদেশ গেছে
তবু যদি বলি 'আসছে বাবা'
তাড়াতাড়ি চার দিকেতে চায় –
তোমার খুকি এম্‌নি বোকা হাবা।
ধোবা এলে পড়াই যখন আমি

টেনে নিয়ে তাদের বাচ্ছা গাধা,
আমি বলি 'আমি গুরুমশাই',
ও আমাকে চেঁচিয়ে ডাকে 'দাদা'।
তোমার খুকি চাঁদ ধরতে চায়,
গণেশকে ও বলে যে মা গানুশ।
তোমার খুকি কিচ্ছু বোঝে না মা,
তোমার খুকি ভারি ছেলেমানুষ।

مُنّی پاجی ہے!

تری مُنّی کو کچھ آتا نہیں ہے ماں
تری مُنّی سمجھ لے پُوری پاجی ہے
جلا کے ہم نے جب فانوس اُڑوایا
سمجھتی ہے کوئی تارا نکل آیا
کھلانے کے لئے ہم کھیل میں رکھتے ہیں جب کنکر
وہ اُن کو سچ سمجھ کر،
اُٹھا لیتی ہے مُنہ بھر کر!

کبھی جو کھول کر میں ''ششو سکھشا'' سامنے رکھ دُوں
''پڑھائی بھی کرو منّی''
تو پنّے پھاڑ کر وہ دونوں ہاتھوں سے،
وہیں پر بیٹھ جاتی ہے
مَیں مُنہ پر ڈال کر کپڑا
ذرا سا بُڈبُدایا تھا
تری منّی تو یُوں روئی
کہ جیسے بھوت آیا تھا
تری مُنّی سمجھ لے پوری پاجی ہے

کبھی غصّہ بھی کرتا ہوں
مَیں آنکھیں لال کر کے تو...
تو ہنس دیتی ہے ایسے
کھِلکھلا کر وہ
کہ جیسے مسخری ہو!

سبھی تو جانتے ہیں
کہیں پردیس میں بابا گئے ہیں
یُونہی کہہ دُوں کہ ''بابا آ رہے ہیں''
تو مُڑ کے دیکھنے لگتی ہے ہر سُو
تری منّی ہے ماں سچ مچ بڑی بدّھو!

پکڑنا چاہتی ہے چاند کو منّی
گنیشی کو بُلاتی ہے گنیشُو
تری منّی کو کچھ آتا نہیں ہے ماں
تری منّی سمجھ لے پوری پاجی ہے!!

SUPERIOR

Mother, your baby is silly! She is so absurdly childish!

She does not know the difference between the lights in the streets and the stars.

When we play at eating with pebbles, she thinks they are real food, and tries to put them into her mouth.

When I open a book before her and ask her to learn her a, b, c, she tears the leaves with her hands and roars for joy at nothing; this is your baby's way of doing her lesson.

When I shake my head at her in anger and scold her and call her naughty, she laughs and thinks it great fun.

Everybody knows that father is away, but if in play I call aloud 'Father,' she looks about her in excitement and thinks that father is near.

When I hold my class with the donkeys that our washerman brings to carry away the clothes and I warn her that I am the schoolmaster, she will scream for no reason and call me dada [elder brother].

Your baby wants to catch the moon. She is so funny; she calls Ganesh Ganush [Ganesh, a common name in India, also that of the god with the elephant's head].

Mother, your baby is silly, she is so absurdly childish!

মাস্টারবাবু

আমি আজ কানাই মাস্টার,
পোড়ো মোর বেড়ালছানাটি।
আমি ওকে মারি নে মা, বেত,
মিছিমিছি বসি নিয়ে কাঠি।
রোজ রোজ দেরি করে আসে,
পড়াতে দেয় না ও তো মন,
ডান পা তুলিয়ে তোলে হাই
যত আমি বলি 'শোন্ শোন্'।
দিনরাত খেলা খেলা খেলা,
লেখায় পড়ায় ভারি হেলা।
আমি বলি 'চ ছ জ ঝ ঞ',
ও কেবল বলে 'মিয়োঁ মিয়োঁ'।
প্রথম ভাগের পাতা খুলে
আমি ওরে বোঝাই মা, কত –
চুরি করে খাস নে কখনো,
ভালো হোস গোপালের মতো।
যত বলি সব হয় মিছে,
কথা যদি একটিও শোনে –
মাছ যদি দেখেছে কোথাও
কিছুই থাকে না আর মনে।
চড়াই পাখির দেখা পেলে
ছুটে যায় সব পড়া ফেলে।
যত বলি 'চ ছ জ ঝ ঞ',
দুষ্টুমি ক'রে বলে 'মিয়োঁ'।
আমি ওরে বলি বার বার,
'পড়ার সময় তুমি পোড়ো –
তার পরে ছুটি হয়ে গেলে
খেলার সময় খেলা কোরো।'

ভালোমানুষের মতো থাকে,
আড়ে আড়ে চায় মুখপানে,
এম্‌নি সে ভান করে যেন
যা বলি বুঝেছে তার মানে।
একটু সুযোগ বোঝে যেই
কোথা যায় আর দেখা নেই।
আমি বলি ‘চ ছ জ ঝ ঞ’,
ও কেবল বলে ‘মিয়োঁ মিয়োঁ’।

ماسٹر بابو

آج تو میں کا نہائی ماسٹر
پڑھے مری بلّی کا بلوٹا
مارا نہیں ، ماں ، اُس کو کبھی
جھوٹ موٹ رکھتا ہوں چھڑی

روز آتے ، دیری کرتا ہے
پڑھنے میں دھیان کہاں دیتا ہے
جتنا مَیں کہتا ہوں، سُن رے سُن
پاؤں اُٹھا کے جمائی لیتا ہے

صبح و شام ، بس کھیلنا ، کھیلنا
پڑھنا لکھنا کچھ بھی نہیں
چ ، چھ ، ج ، جھ ، مَیں بتلاؤں
اُس کی رٹ ، بس وہی میاؤں

'پرتھم بھاگ' کا پنّا کھول کے
کتنی بار بتاتا ہوں ... ماں
چوری سے کچھ بھی نہ کھانا
بھولے گوپال کے جیسے رہنا

جتنا بولوں سب بیکار ہے
کان میں کچھ بھی پڑتا نہیں
کچھ بھی یاد نہیں رہتا
مچھی جو نظر آ جائے کہیں

چڑیا نظر آ جائے کہیں تو
چھوٹتا ہے یُوں، کیا بتلاؤں
جتنا سِکھا لو، چ، چھ، ج، جھ،
اُس کی رٹ، بس وہی میاؤں

بار بار بتلاتا ہوں، اُس کو
پڑھنے کے وقت تم پڑھا کرو
چھٹّی ہو جائے جب تم
کھیل کے وقت تم کھیلا کرو

ایسا شریفوں کی طرح وہ
مُنہ اُٹھائے دیکھتا ہے
دیکھ کے لگتا ہے جیسے وہ
پوری بات سمجھتا ہے

موقع لگتے ہی، پَر غائب
کہاں پہ دیکھوں، کدھر بلاؤں
چ، چھ، ج، جھ، کیا بتلاؤں
اُس کی رٹ، بس وہی میاؤں

THE TUTOR

Today I am (in the role of) Kanai Master,

(And) the kitten is my student!

Ma, I don't cane him (at all),

I just sit with my stick (as a threat).

Everyday he is late

and doesn't pay attention to his lessons.

'Listen, listen,' I keep telling him,

But he goes on yawning, raising his right paw.

Day and night, it's all play for him,

With utter neglect for studies.

Ma, I read the (lessons of) Pratham Bhaag (the primary Bengali reader) and counsel him a lot, saying.

'Never steal anything to eat,

Be nice like Gopal (the archetypal Good Boy of a story in "Pratham Bhaag").' (But) all my advice falls on deaf ears.

He doesn't listen to it at all.

The moment he sees a piece of fish anywhere.

He forgets everything else.

Let him spot a sparrow

And he is gone, leaving all his lessons.

The more I teach, 'cha, chha, ja, jha, iyawn'
(The second quintuplet of the set of Bengali consonants)

He mews mischievously, 'miyawn, miyawn, miyawn'.

I keep on telling him,

'You are a student in the study hours,

When I call it a day,

Go and play.'

He keeps quiet like a good boy,

looking askance at me,

He makes a pose as if

He understands what I've told him.

(But) as soon as he gets a chance

He vanishes; where, no one knows.

The more I teach, 'chha, ja, jha, iyawn' (The second quintuple of the set of Bengali consonants)

He only mews, 'miyawn, miyawn, miyawn'.

পরিচয়

একটি মেয়ে আছে জানি,
পল্লীটি তার দখলে,
সবাই তারি পুজো জোগায়
লক্ষ্মী বলে সকলে।
আমি কিন্তু বলি তোমায়
কথায় যদি মন দেহ –
খুব যে উনি লক্ষ্মী মেয়ে
আছে আমার সন্দেহ।
ভোরের বেলা আঁধার থাকে,
ঘুম যে কোথা ছোটে ওর –
বিছানাতে হুলুস্থুলু
কলরবের চোটে ওর।
খিল্‌খিলিয়ে হাসে শুধু
পাড়াসুদ্ধ জাগিয়ে,
আড়ি করে পালাতে যায়
মায়ের কোলে না গিয়ে।
হাত বাড়িয়ে মুখে সে চায়,
আমি তখন নাচারই,
কাঁধের 'পরে তুলে তারে
ক'রে বেড়াই পাচারি।
মনের মতো বাহন পেয়ে
ভারি মনের খুশিতে
মারে আমায় মোটা মোটা
নরম নরম ঘুষিতে।
আমি ব্যস্ত হয়ে বলি –
'একটু রোসো রোসো মা।'
মুঠো করে ধরতে আসে
আমার চোখের চশমা।

আমার সঙ্গে কলভাষায়
করে কতই কলহ।
তুমুল কাণ্ড! তোমরা তারে
শিষ্ট আচার বলহ?
তবু তো তার সঙ্গে আমার
বিবাদ করা সাজে না।
সে নইলে যে তেমন ক'রে
ঘরের বাঁশি বাজে না।
সে না হলে সকালবেলায়
এত কুসুম ফুটবে কি।
সে না হলে সন্ধেবেলায়
সন্ধেতারা উঠবে কি।
একটি দণ্ড ঘরে আমার
না যদি রয় দুরন্ত
কোনোমতে হয় না তবে
বুকের শূন্য পূরণ তো।
দুষ্টুমি তার দখিন-হাওয়া
সুখের তুফান-জাগানে
দোলা দিয়ে যায় গো আমার
হৃদয়ের ফুল-বাগানে।
নাম যদি তার জিজ্ঞেস কর
সেই আছে এক ভাবনা,
কোন্ নামে যে দিই পরিচয়
সে তো ভেবেই পাব না।
নামের খবর কে রাখে ওর,
ডাকি ওরে যা-খুশি—
দুষ্টু বল, দস্যি বল,
পোড়ারমুখী, রাক্কুসি।
বাপ-মায়ে যে নাম দিয়েছে
বাপ-মায়েরই থাক্ সে নয়।
ছিষ্টি খুঁজে মিষ্টি নামটি

তুলে রাখুন বাক্সে নয়।
একজনেতে নাম রাখবে
কখন অন্নপ্রাশনে,
বিশ্বসুদ্ধ সে নাম নেবে –
ভারি বিষম শাসন এ।
নিজের মনের মতো সবাই
করুন কেন নামকরণ –
বাবা ডাকুন চন্দ্রকুমার,
খুড়ো ডাকুন রামচরণ।
ঘরের মেয়ে তার কি সাজে
সঙস্কৃত নামটা ওই।
এতে কারো দাম বাড়ে না
অভিধানের দামটা বৈ।
আমি বাপু, ডেকেই বসি
যেটাই মুখে আসুক-না –
যারে ডাকি সেই তা বোঝে,
আর সকলে হাসুক-না –
একটি ছোটো মানুষ তাহার
একশো রকম রঙ্গ তো।
এমন লোককে একটি নামেই
ডাকা কি হয় সংগত।

پرتیچُئے

ہے اک لڑکی جِسے ___ جانتا ہوں
ہماری بستی میں بس اُس کی چلتی ہے
سبھی تو پُوجا کرتے ہیں، ___ اُسے پچھی بُلاتے ہیں
مگر مَیں تم سے کہتا ہوں، ___ اگر میری سُنو تم تو
وہ سچ مُچ پچھی ہی ہے، ___ مجھے کچھ اُس میں شک تو ہے

صُبح کے وقت، اندھیرا رہتے ہی
کہاں اُڑتی ہے نیند اُس کی
بچھونے پر اُتھلتی ہے، ___ وہ اتنا غُل مچاتی ہے
بس ہنستی کھلکھلاتی ہے، ___ محلّہ بھر جگاتی ہے
نہیں جاتی ماں کی گود میں بھی، وہ
چھُڑا کے بھاگ جاتی ہے

162

بڑھا کے ہاتھ مجھ کو دیکھتی ہے وہ ___ بڑا لاچار ہو کے مَیں
اُسے کندھوں پہ لے کر مَیں، ___ وہیں پیدل ٹہلتا ہوں
سواری پا کے مرضی کی، ___ خوشی سے پھول جاتی ہے
وہ پولی مُٹّھیوں سے، ___ مجھے گھونسے لگاتی ہے
مچل کے مَیں بھی کہتا ہوں
ذرا ٹھہرو، ابھی بچّو بتاتا ہوں!

وہ دو ہاتھوں سے بڑھ کر، ___ چھینتی ہے آنکھ کا چشمہ
لڑائی چھیڑ کے مجھ سے، ___ وہ کیا کچھ کہتی ہے او ماں
یہ بدمعاشی.......! ___ شرافت کہتے ہو اِس کو؟

اگرچہ اُس سے میرا، ___ اِس طرح لڑنا نہیں سجتا
مگر وہ یہ نہیں کرتی، ___ تو گھر کا سُر نہیں لگتا

بغیر اُس کے صبح کے پھول ___ بولو، کھِل سکیں گے کیا؟
بغیر اُس کے، بتاؤ شام کا تارا ___ نظر سے مل سکے گا کیا؟

اگر یہ پاجی سی لڑکی، ___ ذرا سی دیر گھر میں نہ رہے تو
مِرے سینے کا سنّاٹا نہیں جاتا
وہ آئے تو خوشی کی لہر آتی ہے
وہ میرے دل کی پھلواڑی کی ___ کلیوں کو جگاتی ہے

ہاں، اُس کے نام کی پوچھو، ___ تو پھر مَیں سوچتا ہوں
سمجھ آتا نہیں کس نام سے، ___ اُس کا پریچے دُوں
اب اُس کے ناموں کا بھی تو، ___ بھلا کیا کیا حساب رکھیں
کبھی 'شیطان'، 'ڈائن'
'مُنہ جلی'..... 'دُشٹی'!

دِیا ہے نام جو ماں باپ نے ، اُس کو
وہ اب ماں باپ ہی کے پاس رہنے دو
بہت میٹھا سا کوئی نام سُوجھا ہے ،
تو بند کر دو، تجوری میں ہی رہنے دو!

کسی کا ایک نام رکھنا ، ___ جو ''ان پرشن'' میں طے ہوگا
وہی دُنیا بلائے گی ، ___ بڑا ہی ظُلم یہ ہوگا
سبھی کو اپنے اپنے نام سے ، ___ اُس کو بُلانے دو
اگر بابا بُلائیں 'چندرما' تو ___ 'رام چرن' کا کا کو کہنے دو

بھلا ایسی گھریلو لڑکی کو سوچو ، ___ یہ بھاری سنسکرت کا نام سجتا ہے؟
کہ بھاری نام سے کچھ دام نہیں بڑھتے
ہاں ، شاید 'شبدکوش' کا دام بڑھتا ہے

مجھے یُوں ہی بُلانے دو ___ باپّو ، ___ جو مُنہ میں آئے ، آنے دو
بُلاتا ہوں جسے ، وہ جانتی ہے ، ___ ہنسی آتی ہے جن کو اُن کو ہنسنے دو

کِسی چھوٹے سے انساں کو ،
کہ جس کے سینکڑوں رنگ ہیں
بُلانے کے لئے کیوں ایک ہی نام ہے
کہ سچ یہ ہے
ہمارے دل بہت تنگ ہیں !!

THE NAME

There is a girl I know

With all the neighbourhood under her control.

Everyone around worships her,

Everyone calls her Lakshmi (meaning, perhaps, the deity but, surely, a sweet and obedient lass).

But I can tell you,

If you care to pay heed to my words,

I doubt that she is quiet, really.

At dawn, even as it's still dark.

I don't know where sleep has gone from her eyes,

She makes such a great noise

That the bed is all in a tumult.

She giggles and giggles,

Waking up all the neighbourhood.

She ditches us and runs away,

Refusing to go to her mother's arms.

She raises her hands and looks up at me,

Making me quite helpless,

And I have to pick her up on my shoulder

And keep walking up and down,

then she is very happy.

With a carrier to her liking.

And beats me with

Her plump and soft fists.

Flustered, I say, 'Wait a bit, my darling.'

But she lunges forward, with her palm
open,

To get hold of my glasses.

What a fight she picks up

With her torrent of words,

What an uproar! And you call that

Good manners?

And yet I can't, after all,

Fight with her.

Without her, at home

The music doesn't sound so sweet.

Without her, would the flowers

Bloom so richly in the morning?

Without her, would the evening star

Shine in the evening?

If the naughty little girl

Is not there for a moment.

The vast emptiness in my heart

Remains there.

Her naughtiness is like the south wind,

Bringing happiness in my soul,

Waving the flower-garden

In my heart.

If you ask me her name.

That's a problem, indeed,

I can't make up my mind

Which name I should tell.

Who knows what her names are,

I call her whatever I like,

Call her 'dushtu', call her 'dasyi',

Or 'porarmukhi', or 'raakkhusi'.

Let the name that her parents gave her

Be with her parents,

Or if you have found a sweet name for her,

Put it aside inside the treasure-chest.

It's a tyranny

That the whole world has to accept the one single name

That has been

Fixed by someone during the 'first rice' ceremony.

Why don't everyone choose

Whatever one wants to call her?

Let father call her Chandrakumar,

Uncle call her Ramcharan,

But does a Sanskrit(ized) name like that

Befit a little homely girl?

A name like that doesn't raise the value of anyone or anything

Except that of the dictionary.

I am happy calling her by

Whatever name I like.

She understands after all (that I'm
calling her),

Let others be amused.

Is it proper to

Give one single name

To the little human being

Who knows so many types of fun?

ABOUT THE AUTHORS

Rabindranath Tagore is one of India's most well-known poets and litterateurs and arguably the finest Bengali poet ever. He reshaped Bengali literature and music, as well as Indian art, in the nineteenth and early twentieth centuries. Author of *Gitanjali,* numerous plays, collections of poetry, stories and novels, he became the first non-European to win the Nobel Prize in Literature in 1913.

Gulzar is arguably India's most well-known poet writing in Hindustani today. An acclaimed film-maker, lyricist and author, he is the recipient of a number of Filmfare and National Awards, the Oscar for Best Lyricist and the Dadasaheb Phalke Award.

30 Years *of*

HarperCollins *Publishers* India

At HarperCollins, we believe in telling the best stories and finding the widest possible readership for our books in every format possible. We started publishing 30 years ago; a great deal has changed since then, but what has remained constant is the passion with which our authors write their books, the love with which readers receive them, and the sheer joy and excitement that we as publishers feel in being a part of the publishing process.

Over the years, we've had the pleasure of publishing some of the finest writing from the subcontinent and around the world, and some of the biggest bestsellers in India's publishing history. Our books and authors have won a phenomenal range of awards, and we ourselves have been named Publisher of the Year the greatest number of times. But nothing has meant more to us than the fact that millions of people have read the books we published, and somewhere, a book of ours might have made a difference.

As we step into our fourth decade, we go back to that one word – a word which has been a driving force for us all these years.

Read.